Dalai Lama

So einfach ist das Glück

Tenzin Gyatso, 14. Dalai Lama, geb. 1935, geistliches Oberhaupt der Tibeter. Er ist der bedeutendste Repräsentant des Buddhismus und weltweit unumstritten einer der großen Repräsentanten der Weisheit. Träger des Friedensnobelpreises.

Dalai Lama

So einfach ist das Glück

Herausgegeben von Karin Lichtenauer

HERDER

FREIBURG · BASEL · WIEN

Herder spektrum Band 7169

MIX
Papier aus verantwortungsvollen Quellen
FSC® C083411

4. Auflage 2017

Titel der Originalausgabe: So einfach ist das Glück

ISBN 978-3-451-07031-0

Neuausgabe 2014

www.herder.de

Umschlaggestaltung: Designbüro Gestaltungssaal, Sabine Hanel

Satz: fgb · freiburger graphische betriebe
Herstellung: CPI books GmbH, Leck

Printed in Germany

ISBN 978-3-451-07169-0

Inhalt

Vorwort

von Karin Lichtenauer

Die Geschichte ist verbürgt: Als der Dalai Lama in den USA ein wissenschaftliches Institut besuchte, wurde ihm von einem Forscher eine Frage gestellt, die den Mann offensichtlich sehr bewegte: „Wie kann man am schnellsten den Zustand des Mitgefühls erreichen?" „Durch eine Injektion", war die spontane Antwort – gefolgt von einem prustenden Lachen seiner Heiligkeit.

Hier stießen zwei Welten aufeinander: Auf der einen Seite das Denken der Effizienz und der technischen Machbarkeit. Und auf der anderen eine tiefe Skepsis, ob dieses Denken wirklich nachhaltig ist. Natürlich braucht unsere Welt nichts notwendiger als Mitgefühl. Aber schnelle Machbarkeit ist keine Kategorie des Dalai Lama.

Wo, bitte, geht's zum Glück? Nach dem Weg fragen viele. Die Wegweiser sind zahlreich. Nur: die Ausschilderungen zeigen in ganz verschiedene Richtungen.

„Der Weg zum Glück" heißt auch eines der bekanntesten Bücher des Dalai Lama. Das Ziel ist für ihn eindeutig – und einfach. Denn klar ist für ihn: Alle haben das gleiche Ziel. Alle wollen das Glück, alle wollen Leid vermeiden.

Aber auf dem Weg zu diesem Ziel rasen, rempeln, drängeln sie – wie auf der Autobahn. Und kaum ein Weg ist so voll mit so vielen Verunglückten – aufgrund misslungener Überholversuche und riskanter Verhaltensweisen – wie dieser „Weg zum Glück".

Was also heißt: „So einfach ist das Glück"?

Aus China kennen wir folgende Geschichte: Der Kaiser befiehlt dem Hofmaler, sein Lieblingspferd zu malen. Der bittet um Zeit. Er zieht sich zurück. Nach einem Jahr will der Kaiser das Bild und die Fortschritte des Werks sehen. Auf das Drängen des Kaisers gibt er immer wieder nur zur Antwort: Er sei noch nicht so weit. Immer wieder vertröstet er ihn. Endlich nach zehn Jahren darf der Kaiser in die Werkstatt: Er steht vor einer leeren Staffelei. Da nimmt der Künstler den Pinsel und malt in wenigen Sekunden das Lieblingspferd des Kaisers. In einer Kammer nebenan liegen am Boden verstreut die zerrissenen Entwürfe der letzten Jahre.

So einfach ist die Kunst.

Und so schwierig.

Glück ist Lebenskunst aus täglicher Übung: Die Kunst ist, die richtige Perspektive zu gewinnen. Als „profane Spiritualität" hat man die Lebenslehre des Dalai Lama bezeichnet. Er schöpft aus der Religion. Aber er drängt seine Lehre nicht auf, und er definiert sie nicht ausschließlich religiös.

Der tibetische Buddhismus, die Religion, die der Dalai Lama repräsentiert und die er vertritt, ist beileibe keine einfache Religion. Eine Unzahl von Heiligen, Dämonen, Ritualen und hochkomplexen Lehren bestimmt den tibetischen Buddhismus. Und trotzdem, auf den Kern gebracht ist die Botschaft des Dalai

Lama einfach. In seinen eigenen Worten: „Kultivieren wir Liebe und Mitgefühl, die dem Leben wirklich einen Sinn zu geben vermögen. Alles andere ist nebensächlich. Das ist die Religion, die ich vertrete – über den Buddhismus hinaus." Oder, an anderer Stelle: „Meine Religion, das ist die Freundlichkeit."

Wir finden ihn mit dieser Einfachheit im Kern seiner Botschaft in Gemeinschaft mit anderen Großen der Weltreligionen: Rabbi Gamaliel lehrt das Judentum in einem Satz, der nicht länger ist als die Zeit, die man auf einem Bein stehen kann: Gott und den Nächsten lieben, heißt die Botschaft. Und der christliche Kirchenlehrer Augustinus fasst zusammen: „Liebe – und tu was du willst."

Solche Einfachheit ist keineswegs das Leichteste: Sie beginnt im Ernstnehmen des anderen, im Aufbrechen des Egoismus, im Absehen von partikularen Interessen, im Zugehen auf das Fremde. Hier liegt der Kern sinnerfüllten Lebens. Hier, so der Dalai Lama, liegt der Kern des Glücks.

Manche misstrauen dieser einfachen Sprache. Aber: Schwieriges unverständlich auszudrücken, ist keine Kunst. Und die Fähigkeit, Wesentliches einfach auszudrücken, sollte nicht mit Naivität verwechselt werden. Zurückführung des Komplexen auf den wesentlichen Kern ist eine besondere Leistung. Das Einfache ist zudem nicht das Simple, im Gegenteil. Es bringt auf konzentrierte Weise die grundlegende Perspektive ins Bewusstsein.

Das sind die elementare Einsichten des Dalai Lama, wenn er über das Glück spricht:

Keiner lebt für sich allein. Und in einer ganz elementaren Hinsicht sind alle Menschen gleich: Jeder strebt nach Glück, und jeder will das Leiden vermeiden. Aber weil wir alle miteinander verbunden sind, kann sich keiner allein glücklich machen. Nur wer anderen hilft, hilft auch sich selbst. Frieden ist nur möglich, wenn wir nicht auf Kosten von anderen leben und von ihrem Leiden profitieren. Wer sich besser dünkt und sich anderen überlegen fühlt, wer sich isoliert, der Egoist, lebt an dieser einfachen Grundwahrheit vorbei. Und: Auch wer an sich denkt, sollte so intelligent sein, den anderen Menschen mit einzubeziehen. Es geht nicht darum, die eigenen Interessen zu verleugnen, sondern sich bewusst zu machen, dass die anderen die gleichen Bedürfnisse und Interessen haben. Verständnis für andere entwickeln, keinem schaden wollen, auch das Gute im anderen sehen, helfen wo es nötig ist, die Fähigkeit, zu verzeihen, Redlichkeit: Nur so kann man sich selber glücklich machen. So einfach – und so schwer ist das.

Jeder weiß: Wir sind von unserem Ziel, dem Glück, noch weit entfernt. Der Dalai Lama sagt: Wir selber produzieren unser Unglück. Es beginnt in unserem Kopf, es rührt her von unserer Art zu denken – eher als von tatsächlichen Wirklichkeiten –, es wurzelt in Interessen, in beschränkten Vorstellungen, in Begierden und Emotionen wie Wut, Hass, Zorn, Stolz, Neid und Eifersucht, Arroganz, Verachtung, Gleichgültigkeit: in einer Einsamkeit also, die den anderen gar nicht mehr wahrnimmt, nicht mehr merkt oder spürt, wie sehr wir auf ihn angewiesen sind.

Das Einzelne und das Ganze hängen zusammen. Wir sind von anderen abhängig – bis hin zur Nahrung und Kleidung. Wir brauchen die anderen Menschen, um unseren Platz in der Gesellschaft zu finden. Das Verhalten des Einzelnen bekommt ein ganz besonderes Gewicht, wenn wir sehen, dass beides – das Glück des einzelnen und das Wohl aller Menschen – in einem gegenseitigen Abhängigkeitsverhältnis stehen: „Und trotzdem betrachten wir diese Menschen, mit denen wir so eng verbunden sind, als Feinde. Ist das nicht ein erstaunlicher Widerspruch?“

Wir alle verfügen auch über den Stoff, das Material, aus dem das Glück gemacht ist: Güte, Liebe, Mitgefühl, die Fähigkeit, uns zu freuen. Diese Haltungen verändern die Welt. Sie sind der Wegweiser zum Glück. Den Weg allerdings muss schon jeder selber unter die Füße nehmen. Schwierigkeiten gehören zum Leben: Wir können sie überwinden. Sicherheit gewinnen wir aus dem Vertrauen auf diese positiven Fähigkeiten.

Glück beruht nicht auf Äußerlichkeiten: Wer reich ist, ist nicht automatisch glücklich. Und wer sich für glücklich hält, weil er materielle Güter besitzt oder seine sinnlichen Bedürfnisse befriedigen kann, dessen Glück ist fragwürdig. Er kann es jederzeit verlieren – und wird dann doppelt leiden. Und auch wer jetzt reich ist, kann unfrei, ein „Sklave des Geldes“ sein. Aller äußerer Komfort nützt nichts, wenn im Inneren zerstörerischer Ehrgeiz, Unruhe und Negativität herrschen. Innere Zufriedenheit – das ist es, worauf es ankommt.

Der Dalai Lama wendet sich auch gegen einen angestrengten Heroismus und gegen jeden Aktivismus im Sinne einer noch so hehren Idee: „Wer ein hohes Ziel verfolgt und Tag und Nacht an dessen Verwirklichung arbeitet, verdient unser Lob. Aber selbst in diesem Fall ist es gut, sich von Zeit zu Zeit eine Erholungsphase zu gönnen und sich seiner Gesundheit zu widmen."

Die Person des Dalai Lama selbst ist ein Beweis, dass er weiß, wovon er spricht: Man sieht ihm die Lebenslust an. Da ist nicht nur sein prustendes, spontanes Lachen, seine Freude am Einfachen. Welcher Religionsführer sagt sonst schon auf die Frage, was zum Glück gehört: „Gute Gesundheit, gutes Essen, gute Verdauung und ein guter Schlaf"? Oder: „Widme dich der Liebe und dem Kochen mit ganzem Herzen."

Wissen allein genügt nicht. Es gilt zu üben. Das ganze Leben ist ein Weg zu diesem Ziel. Der Buddha, so sagt der Dalai Lama auch den Buddhisten, hat Äonen bis zur Erleuchtung gebraucht. Schnelle Resultate sind unwahrscheinlich. Er wehrt sich gegen Instant-Erfolge und eine „kurze Sicht der Dinge". Es kommt darauf an, seinen Geist zu beherrschen und sich selber zu geistiger Ruhe und tieferer Einsicht zu transformieren.

Das Leben ist kurz. Wir haben nur wenig Zeit, schieben wir also nichts auf die lange Bank. So lautet sein Rat: Nichts geht von heute auf morgen, aber heute ist der Tag, an dem der Anfang deines Glücks aufscheint, an dem du dich vom Gift des Unglücks befreien kannst. Alles „kommt nach und nach, durch beharrliche Übung."

Simpel sollte man den Dalai Lama und das, was er sagt, nicht nennen. Er hat das Leiden seines Volkes an der eigenen Seele, am eigenen Körper erfahren. Er hat seine Heimat verloren, er musste ins Exil gehen, sein Volk wurde gequält, seine Religion unterdrückt, sein Land verwüstet, seine Kultur zerstört. Er hat gelernt, dass Leiden Teil des Lebens ist, dass man sich aber nicht zum Spielball der Umstände machen lassen darf. „Glück ist nur dann möglich", sagt er, „wenn selbst das, was wir als Leid ansehen, uns nicht unglücklich macht." Leiden lässt uns, wenn wir nur tief genug blicken, nicht verzweifeln. Im Gegenteil: Es lässt uns die Gründe für Unglücklichsein erkennen: Begierde, Hass, Nichtwissen. Man muss dem Leiden auf den Grund gehen, man muss seine Bedingungen erkennen – um es in die Möglichkeit des Glücks umwandeln zu können. Dieses Erkennen befreit – und ist ein Weg zum wahren Glück.

Der Dalai Lama hat kein naives Menschenbild: Wir alle tragen das Gift von Nichtwissen, Hass und Begierde in uns. Negative Emotionen gefährden uns alle. Aber alle haben wir auch die Chance, einander zu helfen und so unserem Leben eine neue Richtung zu geben.

Der Dalai Lama sieht sein Ideal vom rechten Leben veranschaulicht in der Lebenseinstellung von Kindern. Sein Rat: Werdet wie die Kinder – die noch leicht Beziehungen zueinander herstellen, denen Mitgefühl etwas Elementares ist, die spontane Zuneigung ausdrücken, noch nicht an Nebensächlichkeiten wie Rasse, Nation, Prestige interessiert sind. Mit dem Herzen ganz dabei sein, auch das ist es. Einfach und unmittelbar werden – wie die Kinder.

„Ich habe ein Leben lang gebraucht, um jung zu werden“. Pablo Picasso, einer der größten Künstler des 20. Jahrhunderts, hat das gesagt. Schnelligkeit ist also kein Kriterium. Glück, das ist kein schnelles Schnäppchen. Es ist ein Weg, auf dem man weit kommen kann. Ein lebenslanger Weg – *der Weg der Lebenskunst.*

So einfach ist das Glück.
Einfacher allerdings nicht.

Am Anfang ist die Liebe – Der erste Schritt zum Glück

Jeder Mensch – ein Freund

Ich bin an viele Plätze dieser Erde gereist, und wo immer ich mit Menschen spreche, tue ich dies mit dem Gefühl, ein Mitglied ihrer eigenen Familie zu sein. Auch wenn wir uns vielleicht das allererste Mal treffen, akzeptiere ich jeden Menschen als Freund. In Wahrheit kennen wir uns schon auf tiefer Ebene, als menschliche Wesen, welche die gleichen grundsätzlichen Ziele miteinander teilen: Wir alle streben nach Glück und möchten Leid vermeiden.

Warmherzigkeit

Tiere und Insekten möchten ebenso Glück erreichen und Leid vermeiden. Sie haben aber keine besondere Fähigkeit, darüber nachzudenken, wie tiefer gehendes Glück erreicht und Leiden überwunden werden kann. Als Menschen sind wir mit diesem Denkvermögen ausgestattet; wir haben dieses Potential, und wir müssen es anwenden. Auf jeder erdenklichen Ebene – als Individuen und als Mitglieder einer Familie, einer Gemeinde, einer Nation und unseres Planeten – sind wir mit Ärger und Egoismus als den schädlichsten Unruhestiftern konfrontiert. Die Art von Egoismus, auf die ich mich hier beziehe, ist nicht nur ein Gefühl von „Ich", sondern eine übertriebene Ichbezogenheit. Niemand würde je behaupten, sich glücklich zu fühlen, während er zornig ist. Solange Ärger und Zorn unseren Charakter bestimmen, gibt es keine Möglichkeit für andauerndes Glück. Um Frieden, Gelassenheit und wahre Freundschaft zu erlangen, müssen wir

Ärger möglichst minimieren sowie Güte und Warmherzigkeit kultivieren.

Wenn wir selbst Warmherzigkeit entwickeln, kann das auch andere verwandeln. Indem wir freundlichere Menschen werden, erfahren unsere Nachbarn, Freunde, Eltern, Ehegatten und Kinder weniger Ärger. Sie werden warmherziger, mitfühlender und ausgeglichener werden. Die Stimmung und Atmosphäre an sich wird glücklicher, was eine bessere Gesundheit fördert, vielleicht sogar ein längeres Leben.

Sie mögen reich, mächtig und wohlerzogen sein, aber ohne diese gesunden Gefühle von Güte und Mitgefühl wird es keinen Frieden in Ihnen geben, keinen Frieden in Ihrer Familie – sogar Ihre Kinder werden leiden. Güte und Freundlichkeit sind für inneren Frieden unentbehrlich.

Wahre Harmonie

Ich glaube, menschliche Harmonie basiert auf einem wahren Sinn für Brüderlichkeit. Für einen Buddhisten ist es gleichgültig, ob wir Gläubige oder Ungläubige sind, gebildet oder ungebildet, aus dem Osten oder Westen oder Norden oder Süden kommen, solange wir dieselben Menschen mit derselben Sorte Charaktereigenschaften sind. Jeder will Glück und will kein Leid, und wir haben jedes Recht, sehr glücklich zu sein.

Liebe ist die Quelle

Die liebende Hinwendung für ein neugeborenes Kind ist die Voraussetzung, dass es sich geistig und körperlich richtig entwickeln kann. Das gilt bereits für die Zeit, in der ein Säugling die Bedeutung der Worte noch nicht verstehen kann. Man meint vielleicht, es käme nicht so darauf an, was man zu so einem kleinen Wesen sagt, es verstehe ja ohnehin nichts. Ärzte, die sich auf die Entwicklung des kindlichen Gehirns spezialisiert haben, versicherten mir aber, dass besonders die Wochen nach der Geburt entscheidend für die Entwicklung des menschlichen Gehirns seien.

Da wirkt sich also die Liebkosung eines Babys günstig auf seine spätere geistige Entwicklung aus. Schon ein Kind spürt, wie wichtig die Liebe für den Menschen ist. Ob man Mitgefühl und liebende Hinwendung erfährt oder nicht, das merkt man bereits am Anfang seines Lebens. Liebe ist die Quelle unseres Lebens. Sie ist für den Menschen so wichtig wie das Wasser für den Fisch.

Was wir Menschen brauchen

Wir kamen alle hilflos auf die Welt. Ohne die Güte und Freundlichkeit unserer Eltern hätten wir nicht überleben, geschweige denn gedeihen können. Wenn Kinder in ständiger Angst aufwachsen, ohne sich auf jemanden verlassen zu können, werden sie ihr ganzes Leben lang darunter leiden. Da der Geist kleiner Kinder so feinfühlig und empfindlich ist, ist es besonders offensichtlich, dass sie Güte und Freundlichkeit brauchen.

Erwachsene Menschen brauchen ebenso Güte und Freundlichkeit. Wenn mich jemand mit einem freundlichen Lächeln begrüßt und eine aufrichtig wohlwollende Haltung zeigt, dann schätze ich das sehr. Auch wenn ich diese Person nicht kenne und ihre Sprache nicht verstehe, erfreut sie dennoch augenblicklich mein Herz. Wenn auf der anderen Seite Güte und Freundlichkeit fehlen, auch bei jemandem, den ich seit vielen Jahren kenne und der aus meinem eigenen Kulturkreis stammt, dann spüre ich das. Freundlichkeit und Liebe, ein echtes Empfinden von Bruderschaft und Schwesternschaft, sind äußerst kostbar. Sie ermöglichen das Zusammenleben in der Gemeinschaft und sind somit entscheidend für die Gesellschaft.

Von Anfang an

Das Erste, was die Mutter nach der Geburt tut, ist, ihr Kind zu stillen. Wenn sie dabei keine Liebe empfindet, fließt ihre Milch nicht. Sie wird nur dann ungehindert fließen, wenn die Mutter trotz ihres angegriffenen Zustands und ihrer Schmerzen ihrem Kind liebevoll zugetan ist. Diese liebevolle Gesinnung ist wie ein kostbarer Edelstein. Wenn von Seiten des Kindes ein Gefühl des Hingezogenseins zur Mutter fehlt, wird es nicht saugen. Dies zeigt, wie wundervoll der Akt der Zuneigung auf beiden Seiten ist! Er steht am Anfang unseres Lebens!

Fürsorge für alle

Egal, wie wichtig Sie selbst sind: Sie sind nur eine einzige Person. Sie haben das gleiche Recht, glücklich zu sein, wie alle anderen auch, aber der Unterschied ist der, dass Sie nur eine Person sind und die anderen viele. Das Glück einer einzigen Person zu verlieren ist wichtig, aber nicht so wichtig, wie das Glück von vielen anderen Menschen zu verlieren. Von diesem Standpunkt aus können Sie Mitgefühl, Liebe und Respekt für andere kultivieren.

Alle Menschen gehören gewissermaßen zu einer einzigen Familie. Es ist notwendig, dass wir die Einheit der Menschheit annehmen und Interesse und Fürsorge für alle zeigen – nicht nur für *meine* Familie oder *mein* Land oder *meinen* Kontinent. Wir müssen Interesse und Fürsorge für jedes Lebewesen zeigen, nicht nur für die wenigen, die uns ähnlich sehen.

Der kluge Egoismus

Wenn Sie anderen Menschen Hass und Zorn entgegenbringen, werden diese ebenso reagieren, und Sie werden Ihr eigenes Glück verlieren. Daher sage ich, dass, wenn Sie egoistisch sind, Sie auf *kluge* Art egoistisch sein sollten. Gewöhnlicher Egoismus konzentriert sich nur auf die eigenen Bedürfnisse; wenn Sie aber auf kluge Art egoistisch sind, dann behandeln Sie andere genauso gut wie diejenigen, die Ihnen nahe stehen. Letzten Endes wird diese Strategie mehr Zufriedenheit und mehr Glück hervorbringen. Auch von einem egoistischen Standpunkt aus erzielen Sie so bessere Resultate, wenn Sie andere respektieren, ihnen dienen und Ihre Ichbezogenheit vermindern.

Meine Freunde, meine Feinde?

Wenn Freunde überbetont werden, werden Feinde auch überbetont. Wenn Sie geboren werden, kennen Sie niemanden, und keiner kennt Sie. Obwohl wir uns alle gleichermaßen Glück wünschen und Leid vermeiden wollen, mögen Sie die Gesichter einiger Menschen gern und denken: „Das sind *meine* Freunde“, und Sie mögen die Gesichter anderer Menschen nicht und denken: „Das sind *meine* Feinde.“ Sie machen Identitäten und Namen an diesen Menschen fest, und es endet damit, dass Sie Verlangen den Ersteren und Abneigung oder Hass den Letzteren gegenüber hervorbringen. Liegt darin irgendein Wert? Nein. Das Problem liegt darin, dass unglaublich viel Energie für eine Ebene aufgewendet wird, die nicht tiefer geht als die oberflächlichen Angelegenheiten in diesem Leben. Das Tiefgründige verliert gegen das Triviale.

Analysieren Sie. Denken Sie nach, denken Sie nach, denken Sie nach. Wenn Sie dies tun, werden Sie feststellen, dass unsere gewöhnliche Art des Lebens beinahe bedeutungslos ist. Doch lassen Sie sich nicht entmutigen. Es wäre sehr dumm, jetzt aufzugeben. In den Momenten, in denen Sie sich am hoffnungslosesten fühlen, ist es notwendig, kraftvolle Anstrengungen zu unternehmen. Wir sind derart an fehlerhafte Geisteszustände gewöhnt, dass es schwierig ist, mit nur ein bisschen Übung eine Änderung herbeizuführen. Ein einziger Tropfen von etwas Süßem kann den Geschmack von etwas sehr Bitterem noch nicht verändern. Bei Misserfolgen müssen wir hartnäckig bleiben.

In schwierigen persönlichen Umständen besteht die beste Zuflucht darin, so ehrlich und aufrichtig zu sein wie möglich. Indem Sie barsch oder selbstsüchtig reagieren, verschlimmern Sie die Angelegenheit einfach nur. Das wird in schmerzhaften Familiensituationen besonders deutlich. Sie sollten erkennen, dass schwierige gegenwärtige Umstände vollständig von vergangenen unheilsamen Handlungen verursacht sind. Tun Sie daher Ihr Möglichstes, jetzt ein Verhalten zu vermeiden, das Ihre Last später nur erschweren wird.

Gute Nachbarschaft

Die ganze Welt ist einem Teil unseres Körpers vergleichbar. Nehmen wir zum Beispiel meine Hand und meinen Fuß. Verspüre ich in meinem Bein einen Schmerz, wandert meine Hand zu der betreffenden Stelle, um sie zu reiben und den Schmerz zu lindern. Dieses Beispiel lässt sich auf andere Situationen übertragen. Einer unserer Nachbarn muss sich vielleicht mit einem schwerwiegenden Problem auseinander setzen. Wir könnten sagen, nun ja, er ist halt nur ein Nachbar – aber als Nachbar ist er ein Teil unserer Gemeinschaft, von der wir auch wiederum ein Teil sind. Wir müssen Mitgefühl und Fürsorge, ein Gespür für Verbundenheit untereinander entwickeln, weil der Schaden unseres Nachbarn – und damit unserer Nachbarschaft überhaupt – auf uns zurückfallen und uns selbst betreffen könnte. Unter diesen Vorzeichen müssen wir einen weiter gefassten Blick entwickeln, um auf die Menschheit als eine große Familie blicken zu können.

Natürlich gibt es verschiedene Rassen, unterschiedliche Traditionen und Kulturen, kaum miteinander zu vergleichende Religionen – wenn man nach Unterschieden sucht, wird man zweifellos etliche finden. Trotz allem teilen wir miteinander einen gemeinsamen Planeten; und wenn andere leiden, leiden wir schließlich auch. Sind wir glücklich, werden andere auch glücklich werden. In dieser Hinsicht brauchen wir ein Gefühl der Verantwortung für den gesamten Globus, eine alles einschließende Verantwortung.

Wahre Freunde

Wenn Sie anderen Menschen kein Lächeln schenken, sondern sie irgendwie böse anschauen oder so ähnlich, dann wird von Ihrem Gegenüber eine entsprechende Antwort kommen. Das stimmt doch, oder? Wenn Sie sich anderen Menschen mit einer ehrlichen und offenen Einstellung zeigen, dann wird auch eine entsprechende Antwort von Ihrem Gegenüber kommen. Dies folgt also einer ziemlich einfachen Logik. Jeder will Freunde haben und keine Feinde. Der richtige Weg, sich Freunde zu verschaffen, ist durch ein warmes Herz und nicht einfach durch Geld oder Macht. Durch Macht oder Geld gewonnene Freunde sind etwas anderes. Sie sind keine Freunde. Ein wahrer Freund sollte ein echter Herzensfreund sein, oder etwa nicht? Ich sage den Leuten, dass solche Freunde, die zu ihnen kommen, wenn sie Geld und Macht besitzen, nicht ihre wahren Freunde sind, sondern dass sie Freunde des Geldes und der Macht sind. Denn sobald

Geld und Macht verschwinden, sind auch jene Freunde schnell dabei, sich zu verabschieden. Sie sehen also, dass solche Freunde nicht zuverlässig sind.

Unser Glück braucht die anderen

Jemand, der in Isolation lebt, wird über kurz oder lang geistig und seelisch leiden, da er seiner Natur nach ein soziales Wesen ist. Eine Vielzahl unserer Grundbedürfnisse wie die nach Nahrung und Schutz werden durch die Arbeit und Mühen anderer befriedigt. Also hängt unser Glücklichsein, unsere Lebensform in hohem Maße von anderen ab. So ist die Wirklichkeit unseres täglichen Daseins, und wir sollten uns in unserem Denken und Urteilen danach richten. Die Intelligenz des Menschen ist derart hoch entwickelt, ja raffiniert und in ihren Funktionen so vielschichtig, dass sie manchmal Bilder der Welt entwirft, die die Lebenswirklichkeit außer Acht lassen. Sehr oft leben wir in der falschen Annahme, wir existierten von allem losgelöst und könnten alles erreichen, und verkennen dabei, wie sehr wir mit unserem Leben auf das Dasein, die Hilfe und Unterstützung anderer angewiesen sind. Dieser Sachverhalt trifft nicht nur auf uns

Menschen zu, sondern gilt gleichermaßen für unsere Umwelt und andere Lebensformen, Pflanzen- und Tierarten, letzten Endes für alles um uns herum. Ein Großteil von Leiden und Problemen entsteht deshalb, weil wir nicht ausreichend die Hilfe und Fürsorge wertschätzen, die wir von der Welt um uns empfangen, und deshalb deren Wert und Bedeutsamkeit nicht genügend würdigen.

Was tröstet

Sind wir uns nicht darüber einig, dass Liebe eine wichtige Rolle im menschlichen Leben spielt? Sie tröstet, wenn man hilflos und verzweifelt ist, und sie tröstet, wenn man alt und einsam ist. Sie ist eine dynamische Kraft, die wir entwickeln und anwenden sollten, aber oft neigen wir dazu, sie zu vernachlässigen, vor allem in unserer Jugend, wenn wir uns in einem falschen Sicherheitsgefühl wiegen. Die logische Grundlage dafür, andere zu lieben, ist die Erkenntnis der einfachen Tatsache, dass jedes lebende Wesen denselben Wunsch nach Glück und einem Ende des Leidens hat und dass sie alle auch dasselbe Recht darauf haben, sowie die Überlegung, dass Sie als Einzelne nur eine Einheit Leben sind, verglichen mit der Vielzahl der anderen in ihrem niemals endenden Streben nach Glück.

Selbsterkenntnis

Es gibt die durchaus interessante Ansicht, dass unser Miteinandersein tatsächlich hilft, uns selbst besser zu begreifen und zu verstehen. In einer engen, intimen Beziehung, in der Liebe und Anhänglichkeit, vielleicht sogar Abhängigkeit miteinander vermischt sind, ist es schwierig zu sehen, wie dieses Miteinandersein dem Einzelnen dazu dienen sollte, sich besser zu erkennen. Dort, wo eine zu starke Bindung oder gar das Klammern an eine Person vorherrscht, wo die Beziehung zu einem Menschen durch ein übermäßiges „*Ich* liebe diesen Menschen, *ich* will ihn vollständig *ergreifen*" bestimmt wird, ist Selbsterkenntnis nicht möglich.

Selbstvertrauen

In den meisten Fällen führt die Überbetonung des eigenen Ich nur zu Enttäuschungen oder zu Konflikten mit anderen Egos, die sich ihrerseits genauso besonders finden wie ich mich – vor allem dann, wenn die Überhöhung des Ich zu Exzentrizität und überzogenen Ansprüchen führt. Die Illusion, das Ich sei unsterblich, verbirgt eine Gefahr, der wir alle ausgesetzt sind: den Willen zu mehr Besitz und Einflussnahme. Wie wir alle wissen, kann dies im Extremfall sogar zu Mord und Totschlag führen, nur damit die eigenen egoistischen Wünsche befriedigt werden. Die Maßlosigkeit des eigenen Ich bringt Fehlentwicklungen mit sich, die immer im Schlechten enden. Umgekehrt kann ein in sich gefestigtes Ich, das sich seiner selbst sicher ist, etwas sehr Positives sein: Wir sollten ein gesundes Vertrauen in uns selbst besitzen.

Freudig helfen

Anderen Menschen zu helfen ist ganz allgemein das Beste, was Menschen tun können. Wenn zufällig jemand in Ihrer unmittelbaren Umgebung vollkommen mittellos und wehrlos ist oder an einer unheilbaren Behinderung leidet, dann sagen Sie sich, dass Ihnen eine einzigartige Gelegenheit geboten wird, und stellen Sie sich voller Freude in den Dienst dieses Menschen. Wenn Sie dies jedoch als eine unangenehme Verpflichtung empfinden, dann wird Ihr Handeln nicht vollkommen sein, und es werden dadurch unnötige Schwierigkeiten entstehen.

Gutes tun

Je mehr uns das Wohlergehen anderer Menschen am Herzen liegt, desto besser sorgen wir auch für unser eigenes Glück. Aber daran dürfen Sie nie denken, wenn Sie Gutes tun! Erwarten Sie keine Gegenleistung, haben Sie nur das Wohlergehen des anderen im Auge.

Genauso wenig sollten Sie sich gegenüber dem Menschen, dem Sie helfen, überlegen fühlen. Egal, ob Sie ihm Ihr Geld, Ihre Zeit oder Ihre Energie opfern, tun Sie es stets aus einer Haltung der Demut heraus, auch dann, wenn der andere schmutzig, schwächlich, dumm oder in Fetzen gekleidet ist. Wenn ich einem Bettler begegne, dann bemühe ich mich immer, ihn nicht als einen Unterlegenen zu sehen, sondern als Menschen, der sich in keinster Weise von mir unterscheidet.

Fröhlich geben

Wenn wir geben, sollen wir dies mit großer Fröhlichkeit und einem strahlenden Gesicht tun. Man sollte das Geben üben mit einem Lächeln und innerer Stärke.

Selbsthass

Selbsthass ist eine äußerst negative Haltung. Schaut man ein bisschen hinter die Fassade, so entdeckt man sehr schnell, dass dieser Hass aus einer zu hohen Vorstellung von sich selbst resultiert. Wir wollen um jeden Preis die Besten sein und ertragen es nicht, wenn uns auch nur eine Kleinigkeit von unserem Idealbild trennt.

Als ich das erste Mal vom Phänomen des Selbsthasses hörte, war ich sehr überrascht. Ich fragte mich, wie man sich selber hassen könne. Alle Wesen lieben sich, sogar die Tiere. Bei genauerem Nachdenken entdeckte ich, dass es sich beim Selbsthass um eine Form von übersteigerter Selbstliebe handelt.

Eines ist sicher: Wenn wir uns selbst kein Wohlwollen entgegenbringen, dann können wir es auch anderen Menschen nicht entgegenbringen.

Selbstliebe

Um für andere Liebe und Zärtlichkeit empfinden und ihnen Glück und Wohlergehen wünschen zu können, müssen wir diese Gefühle zuerst uns selbst gegenüber empfinden. Erst dann können wir verstehen, dass die anderen die genau gleichen Sehnsüchte haben, und erst dann kann es uns gelingen, ihnen gegenüber Liebe und Mitgefühl zu entfalten. Wenn man sich selbst hasst, kann man auch andere Menschen nicht lieben. Und unternimmt man nichts, um diese Einstellung zu ändern, so hat man nur sehr geringe Chancen, Frieden und innere Freude zu finden. Man vergeudet sein Leben, und das ist dumm. Ich sollte das vielleicht nicht sagen, aber es ist die Wahrheit.

Gleichgültigkeit ist das Schlimmste

Gleichgültigkeit, vor allem Gleichgültigkeit anderen Menschen gegenüber, ist einer der schlimmsten Fehler, die es gibt. Wer nur an sich denkt, wen es kalt lässt, was den anderen widerfährt, legt eine sehr beschränkte Sicht der Welt an den Tag. Sein Denken ist zu eng, sein Inneres verkümmert. Von unserer Empfängnis an sind wir von anderen abhängig. Das Glück und die Zukunft unserer Welt, alle Annehmlichkeiten, derer wir uns erfreuen, die Dinge, die wir benutzen, unser simples tagtägliches Überleben, das alles ist nur möglich, weil andere Menschen für uns arbeiten. Gebete und andere spirituelle Praktiken haben zwar ihre Wirkung, aber es ist vor allem das Handeln der Menschen, das die Welt formt.

Regeln zur Güte

1. Belügen Sie niemals irgendjemanden, es sei denn, Sie könnten anderen durch Lügen großen Nutzen bringen.
2. Helfen Sie anderen Menschen direkt oder indirekt, auf dem Weg zur Erleuchtung voranzuschreiten.
3. Behandeln Sie alle Lebewesen mit Respekt.
4. Betrügen Sie niemals irgendjemanden und bleiben Sie immer aufrichtig.

Denken Sie im Wesentlichen immer wieder: „Möge ich dazu fähig sein, allen Lebewesen zu helfen."

Geduldig werden – Innere Stärke entwickeln

Schule der Geduld

Geduld und Toleranz zu üben heißt nicht, in passiver Haltung zuzulassen, dass einem selbst oder anderen irgendein Schaden zugefügt wird – in diesen Fällen muss man angemessene Gegenmaßnahmen ergreifen. Doch das hat mit der inneren Reaktion eines Menschen auf die Konflikte in seiner Arbeit zu tun oder auf Situationen, die vielleicht Emotionen wie Wut, Hass oder Neid hervorrufen. Und dieses Vorgehen ist tatsächlich möglich. Ich selbst bin zum Beispiel Tibetern begegnet, die als politische Gefangene von den Chinesen viele Jahre lang inhaftiert worden waren und im Gefängnis geschlagen, völlig unzureichend ernährt und gefoltert wurden. Und trotzdem waren sie selbst unter diesen extremen Bedingungen fähig, ihre spirituellen Praktiken anzuwenden; in einigen Fällen konnten sie sogar ihre spirituelle Praxis intensivieren und dabei Mitgefühl für diejenigen aufbringen, die sie gefangen hielten.

Beispielsweise gab es einen hoch gestellten Mönch, der viele Jahre lang von den Chinesen gefangen gehalten wurde. Eine ganze Anzahl seiner Schüler war in demselben Gefängnis eingesperrt wie er. Einmal traf ich einen Mönch, der ein Schüler dieses Mönches gewesen war. Er erzählte mir, dass sie alle in diesem Gefängnis misshandelt und beschimpft wurden; aber besonders schwer war es für die Schüler, wenn sie mit ansehen mussten, wie ihr Lehrer geschlagen und gedemütigt wurde. Sie wurden dann furchtbar wütend. Ihr Lehrer riet ihnen jedoch, sich nicht vom Hass überwältigen zu lassen, und erklärte ihnen, dies sei eine Gelegenheit für ihre innere Entwicklung. Er sprach mit ihnen darüber, wie wichtig es sei, Mitgefühl zu bewahren, sogar gegenüber ihren Wärtern, die durch ihre Untaten den Samen für ihr eigenes zukünftiges Leiden säten.

Schwierigkeiten – unsere Chance

Wenn unser Leben unbeschwert ist und alles reibungslos läuft, dann können wir uns leicht etwas vormachen. Wenn wir jedoch wirklich verzweifelten und ausweglosen Situationen gegenüberstehen, gibt es keine Zeit mehr für Heuchelei, und wir müssen uns mit der Wirklichkeit auseinander setzen. Schwierige Zeiten lassen uns Entschlossenheit und innere Stärke entwickeln. Durch sie können wir auch dahin gelangen, die Nutzlosigkeit von Ärger anzuerkennen. Anstatt zornig zu werden, können wir eine tiefe Fürsorge und Respekt für solche Unruhestifter in uns hegen, da sie uns, indem sie unangenehme Umstände schaffen, unschätzbare Gelegenheiten liefern, uns in Geduld und Toleranz zu üben.

Genau hinsehen

Die Beobachtung, dass gute Menschen leiden, während schlechte sich des Profits und des Ansehens bei anderen erfreuen, ist voreilig und zu kurz gegriffen. Bei genauerem Hinschauen erkennt man, dass zum Beispiel Unruhestifter ganz und gar nicht glückliche Menschen sind. Dies zeigt, dass es viel besser ist, sich moralisch recht zu verhalten, Verantwortung für das eigene Handeln zu übernehmen und sein Leben mit einer positiven Einstellung zu führen.

Falsche Nachsicht

Ich glaube, wenn man mit Ungerechtigkeit konfrontiert wird, dann ist Untätigkeit die falsche Reaktion. In den buddhistischen Schriften findet man die Ausdrücke „falsche Toleranz“ oder auch „falsche Nachsicht“. Im Fall der Tibeter, denen seitens der Chinesen Ungerechtigkeit geschieht, bedeutet falsche Geduld oder Nachsicht im Allgemeinen die Fähigkeit des Duldens, die manche Menschen haben, wenn sie in eine sehr destruktive, negative Tätigkeit eingebunden sind. Das ist eine falsche Nachsicht und Duldsamkeit. Und ähnlich ist es auch am Arbeitsplatz: Wenn hier viel Ungerechtigkeit und Ausbeutung herrscht, dann ist passive Toleranz die verkehrte Reaktion. Angemessen ist dann vielmehr, aktiv Widerstand zu leisten und den Versuch zu machen, diese Umstände zu ändern, statt sie einfach zu akzeptieren. Dann sollte man etwas unternehmen.

Abgeschreckt

In meiner Residenz in Dharamsala füttere ich gerne die Vögel. Sie kommen von überall her und freuen sich über das Futter. Aber manchmal kommt auch ein Habicht, um einen der kleinen Vögel zu schlagen. Dann hole ich mein Gewehr und schieße.

Aber ich erschrecke sie nur, um die anderen Vögel zu schützen.

Was Feinde lehren

Wer lehrt Sie Toleranz? Ihre Kinder lehren Sie vielleicht manchmal Geduld, aber es ist immer Ihr Feind, der Sie Toleranz lehrt. Auf diese Weise ist Ihr Feind wirklich Ihr Lehrer. Wenn Sie für Ihren Feind Respekt anstelle von Zorn empfinden, wird sich Ihr Mitgefühl entwickeln. Diese Art Mitgefühl ist echtes Mitgefühl, das auf guten Überzeugungen beruht.

Herausforderung

Sich gegenüber seinen Feinden freundlich zu verhalten, ja ihnen sogar Zuneigung zu zeigen – das ist eine wahrhaft große Herausforderung! Aber wenn man das kann und schließlich sogar positive Ergebnisse dabei erzielt, dann wird sich bei dem Betreffenden ein sehr starkes Gefühl von Zufriedenheit und Glück einstellen. Für diejenigen, die Mitgefühl üben wollen, die dazu beitragen wollen, das Leiden der Armen, der Schwachen, der Schutzlosen und der Hilfsbedürftigen zu lindern, sind es diese Herausforderungen. Eine Herausforderung muss also nicht unbedingt etwas Hinderliches oder Negatives sein.

Besänftigung

In dem Maße, wie Geist und Herz besänftigt werden, legen sich Unruhe und Sorgen auf natürliche Weise, und es ist möglich, mehr Glück zu genießen. Unsere Beziehungen zu anderen werden diese Veränderungen widerspiegeln. Und als bessere Menschen werden wir bessere Bürger unseres Landes sein und letzten Endes bessere Bürger dieser Welt.

Die Lösung

In der modernen Gesellschaft finden Sie viele Beispiele für Unfairness, beispielsweise, wenn korrupte Wirtschaftsführer ihren eigenen Verwandten Jobs verschaffen oder sie befördern, statt Leistung und Verdienste zu honorieren. Diese Dinge kommen leider allzu oft vor. Und es ist schwierig, keinen Unmut darüber zu empfinden. Wie soll man damit umgehen? Das ist keineswegs einfach. Nehmen wir den Fall Tibets: Wir sind ehrlich, wir sind nicht antichinesisch und dennoch klagen die Chinesen uns fälschlicherweise irgendwelcher Dinge an und setzen uns Schikanen aus. Vom Gesetz her sind sie im Unrecht, wir im Recht, dennoch leiden wir. Wir sind die Unterlegenen. Es ist sehr schwer, unter diesen Umständen einen Zustand der Zufriedenheit oder eine Art Seelenfrieden zu erreichen.

Millionen Menschen sind ganz unterschiedlichen Formen von Ungerechtigkeiten ausgesetzt, nicht wahr? Wir müssen gegen solche äußeren Ungerechtigkeiten kämpfen, aber gleichzeitig müssen wir Möglichkeiten finden, in unserem Inneren damit zurechtzukommen, müssen unseren Geist darin üben, ruhig zu bleiben und nicht Frustration, Hass oder Verzweiflung entstehen zu lassen. Das ist die einzige Lösung. Vielleicht finden wir Hilfe in unserem Glauben, ganz gleich, ob es der Glaube an das Karma oder an Gott ist, aber ebenso können wir unsere menschliche Intelligenz gebrauchen, um die jeweilige Situation zu analysieren und sie aus einer anderen Perspektive zu betrachten.

Vier Übungen zur Geduld

1. Wenn Sie herumgeschubst werden, sollten Sie dennoch tolerant und geduldig sein.
2. Wenn jemand Ihnen gegenüber zornig ist, sollten Sie darauf nicht mit Zorn reagieren.
3. Wenn Sie jemand schlägt, sollten Sie nicht zurückschlagen.
4. Wenn Sie jemand in eine peinliche Lage bringt und Sie beleidigt, sollten Sie sich nicht wehren.

Diese Übungen verstärken die Geduld.

Die Alternative

Ich persönlich glaube, es ist besser, nicht vor Herausforderungen gestellt zu werden, denn dann kann man sich einfach hinlegen und ausruhen. Ein kleines Schläfchen machen.

Zufriedenheit als Schlüssel – Sinn im Alltag finden

Zweierlei Glück

Es gibt zwei Wege, die Ursachen für Glück zu schaffen. Der erste ist äußerlich. Durch eine bessere Unterkunft, bessere Kleidung und bessere Freunde können wir ein gewisses Maß an Glück und Zufriedenheit finden. Der zweite Weg besteht in geistiger Entwicklung, die inneres Glück hervorbringt. Diese beiden Vorgehensweisen sind jedoch nicht gleichermaßen zweckdienlich. Äußeres Glück kann nicht lange ohne sein Gegenstück andauern. Wenn es in unserer Ausrichtung an etwas mangelt – wenn etwas in unserem Herzen fehlt –, dann können wir auch trotz luxuriösester Umgebung nicht wirklich glücklich sein. Wenn wir jedoch geistigen Frieden haben, dann können wir Glück auch unter den schwierigsten Umständen finden.

Geldverdienen

In der Hektik des modernen Lebens verlieren wir den wirklichen Wert des Menschseins aus den Augen. Die Menschen werden zur Gesamtsumme dessen, was sie produzieren. Menschliche Wesen verhalten sich wie Automaten, deren Zweckbestimmung es ist, Geld zu verdienen. Das ist vollkommen verkehrt. Der Zweck des Geldverdienens sollte das Glück der Menschen sein, und nicht umgekehrt.

Was sinnvoll ist

Selbst wenn Sie ein positives Ziel haben, so weiß ich nicht, ob Ihre Aktivität dann, wenn sie im Grunde niemandem nützt, als produktiv gelten kann oder nicht. Beispielsweise kann ein Mensch eine Menge studieren – lesen, lesen, lesen. Nun liest er vielleicht eine Unmenge von Seiten, aber wenn das weder etwas hervorbringt noch irgendeinen Nutzen bringt, dann ist es lediglich ein Zeitverlust. Doch das hängt natürlich auch vom Kontext ab. Aber ganz allgemein – wenn Ihre Aktivität oder Arbeit eindeutig dem Wohl anderer dient, dann würde ich sie als produktiv einstufen. Kurz gesagt, ich glaube, dass eine produktive Aktivität *sinnvoll* sein muss, indem sie auf ein spezifisches Ziel gerichtet ist. Zusätzlich muss es eine Aktivität sein, die dem Wohl der jeweiligen Gesellschaft förderlich ist und nicht schädlich.

Karriere ist nicht alles

Manche Menschen identifizieren sich so stark mit ihrer Rolle in der Arbeit und ihre Auffassung von sich selbst ist so sehr gekoppelt an die Rolle, die sie spielen, oder manchmal auch an das Gehalt, das sie verdienen, dass sie das Gefühl haben, sie würden gar nicht mehr existieren, wenn sie keinen Job mehr haben. Das sind Menschen, in deren Wertesystem Geld oder gesellschaftlichem Status sehr viel Bedeutung beigemessen wird und weniger den inneren Werten, den fundamentalen menschlichen Eigenschaften. So habe ich im Laufe der Jahre zum Beispiel einige indische und tibetische Beamte kennen gelernt und hatte die Gelegenheit zu beobachten, wie unterschiedlich sie auf den Verlust ihres Arbeitsplatzes und insbesondere auf das Ausscheiden aus dem Berufsleben reagierten. Unter diesen Beamten gründeten manche ihre Identität in erster Linie auf ihre berufliche Stellung; sie flüchteten sich gewissermaßen in ihren Titel. In vielen Fällen tyrannisierten diese Beamten ihre Untergebenen und genossen ihre Macht und ihre Position oder sie missbrauchten sogar ihre Macht.

Doch habe ich auch andere Beamte kennen gelernt, die ihre Identität mehr auf die grundlegenden menschlichen Eigenschaften und Merkmale gründeten, denen es wichtig war, einfach ein guter, ehrlicher und bescheidener Mensch zu sein, und die ihre Untergebenen dementsprechend behandelten. Und ich habe beobachtet, was geschieht, wenn diese Beamten ihre Arbeit nicht mehr haben. Oft kann die erste Kategorie nicht gut mit dieser Situation umgehen. Denn sie sind nun von den Menschen verlassen, die sie schlecht behandelten, und sobald sie ihren Job nicht mehr haben, ist es fast so, als würden sie körperlich schrumpfen, als hätten sie kein Selbstgefühl und auch kein Bewusstsein für den eigenen Wert mehr. Die Beamten der anderen Kategorie hingegen bewältigen den Übergang gut. Sie werden weiterhin von anderen geachtet und achten sich auch selbst, sie haben noch immer Selbstbewusstsein; und diejenigen, die in den Ruhestand treten, betrachten ihre neue Situation als Gelegenheit, neue Dinge in Angriff zu nehmen. Sie reagieren mit größerem Enthusiasmus darauf. Sie wollen nun Dinge ausprobieren, die sie schon lange vorhatten, für die ihnen aber die Zeit fehlte. Menschen scheinen also auf dieselben Lebensumstände und Situationen sehr unterschiedlich zu reagieren.

Frust im Job

Sie sollten Zufriedenheit nicht mit Selbstgefälligkeit verwechseln. Zufriedensein mit der eigenen Arbeit hat nichts mit Gleichgültigsein zu tun; es bedeutet keinesfalls, innerlich nicht wachsen zu wollen, nicht lernen zu wollen und da zu verharren, wo man eben ist, selbst wenn die eigene Situation schlecht ist; es heißt nicht, dass man sich nicht anzustrengen braucht, um voranzukommen, zu lernen und etwas Besseres zu erreichen. Wenn wir einen schlechten Job haben, vielleicht eine ungelernte Arbeit, jedoch die Fähigkeiten und Voraussetzungen für eine bessere Arbeit besitzen, sollten wir uns selbstverständlich nach Kräften bemühen, diese Arbeit auch zu bekommen. Aber wenn dies nicht zu dem gewünschten Ergebnis führt, sollte man – statt sich seiner Frustration oder Wut hinzugeben oder dem Gedanken: „Ich habe es versucht, aber ich habe es nicht geschafft“ – denken: „Nun gut, ich mache einfach mit dieser Arbeit weiter.“ Begnügen Sie sich mit der Arbeit, die Sie haben. Falls Ihnen also kein Erfolg beschieden ist, dann ist hier der Punkt, wo Ihre geistige Einstellung und das Üben von Zufriedenheit dafür ausschlaggebend sein können, ob Sie Wut, Groll und Frustration empfinden oder eine ruhigere und glücklichere Haltung einnehmen. Hier kommt die Übung des Geistes ins Spiel. Solche Dinge, solche Denkweisen können Ihre Frustration und die Unruhe Ihres Geistes auslösen. Ich denke, Zufriedenheit ist der Schlüssel.

Klimaverbesserung

Ein Mensch kann das Klima in seinem beruflichen Umfeld verändern. Dafür gibt es Beispiele. Nehmen Sie den Fall einer Gruppe von Kollegen, in der es viele Spannungen gibt und die nicht miteinander auskommen; und dann taucht eine neue Kollegin auf, die warmherzig und freundlich ist, und nach einer Weile verändert sich die Stimmung der ganzen Gruppe zum Besseren. Doch können Sie zuweilen auch das Gegenteil beobachten: Menschen kommen an ihrem Arbeitsplatz gut miteinander aus und gehen freundschaftlich miteinander um, doch dann beginnt ein neuer Kollege bei ihnen zu arbeiten, ein Unruhestifter, der der ganzen Gruppe schadet und Konflikte und Probleme verursacht. Jeder von uns kann also eine Wirkung auf andere haben und sogar das Arbeitsklima ändern. Und in dieser Hinsicht hat der einfachste Mitarbeiter vielleicht mehr Einfluss auf seine unmittelbare Arbeitsumgebung – zumindest in seiner eigenen Abteilung – als der Chef.

Ich kenne zum Beispiel einige Tibeter, die in die Schweiz zogen und dort in Fabriken arbeiteten. Und obwohl sie die Sprache nicht beherrschten, gelang es ihnen, Freundschaften zu schließen, einfach dadurch, dass sie lächelten, ihre Arbeit gewissenhaft ausführten und hauptsächlich auf nonverbalem Wege zeigten, dass sie versuchten, hilfsbereit zu sein. Es gab einen Tibeter, der in der Cafeteria aß, wo die Leute normalerweise für sich bleiben oder in kleinen Gruppen dasaßen. Und eines Tages beschloss er, für ein paar seiner Kollegen das Mittagessen zu kaufen. Zuvor war es nicht üblich gewesen, einem anderen ein Mittagessen zu bezahlen, wenn man ihn nicht sehr gut kannte; doch dieser Mann bezahlte seinen Kollegen ein Essen, obwohl er sie nicht gut kannte. Am nächsten Tag bezahlte ein anderer Kollege für die ganze Gruppe das Mittagessen, um sich zu revanchieren. Daraufhin fingen auch andere damit an, und bald bezahlte jeden Tag ein anderer Kollege das gemeinsame Mittagessen, wodurch sie sich alle näher kamen.

Vorübergehend

Was wir normalerweise als Genuss bezeichnen und als Freude empfinden, ist meist nur eine Verringerung von Schmerz. Falls gutes Essen und Trinken beispielsweise wirklich nur angenehm wären – falls sie von ihrer Beschaffenheit nur Genuss und Freude wären – dann würden wir in gleichem Maße glücklicher und glücklicher werden, je mehr wir essen und trinken. Stattdessen beginnen wir an Körper und Seele zu leiden, wenn wir uns übermäßig dem Genuss von Essen und Trinken hingeben. Das ist ein Hinweis darauf, dass diese Erlebnisse von Glück und Freude die Natur von Schmerz haben. Ich erzähle gerne die Geschichte der Familie, die einen neuen Fernsehapparat kauft. Im Vergleich zum alten ist der neue wirklich vorzüglich, und alle sehen tagelang fern. Aber schließlich wird es ihnen langweilig. Das beweist, dass die ursprüngliche Freude die Natur von Schmerz in sich trägt. Solche Zustände von vorübergehendem Glück werden das Leiden der Veränderung genannt.

Falsche Wünsche

Aus dem Wunsch nach den wunderbaren Dingen der Gegenwart, selbst wenn diese langfristig keine große Bedeutung haben, sind Sie dazu bereit, allerlei unverschämte Übertreibungen und Mittel zu finden, um das zu bekommen, was Sie wünschen – Sie nehmen Kredite zu hohen Zinsen auf, schauen auf Ihre Freunde herab, führen juristische Auseinandersetzungen – alles um irgendetwas eigentlich nicht Nötiges zu bekommen.

Da Sie Ihr Leben mit solchen Aktivitäten verbringen, wird Geld attraktiver als das Lernen, und selbst wenn Sie üben, schenken Sie dem keine große Beachtung. Wenn eine Seite aus einem Buch herausfällt, zögern Sie vielleicht, das Blatt aufzuheben. Wenn jedoch ein Geldschein auf den Boden fällt, gibt es gar keine Frage. Wenn Sie Menschen begegnen, die ihr Leben wirklich dem Verfolgen tieferer Ziele gewidmet haben, dann finden Sie diese Hingabe vielleicht gut, aber das wär's dann auch. Wenn Sie aber jemanden treffen, der teuer gekleidet ist und der seinen Reichtum offen zeigt, dann würden Sie sich nach diesem Reichtum sehnen, danach gieren, darauf hoffen – mit immer größerer Anhaftung. Schließlich werden Sie alles tun, um ihn zu erreichen.

Was fehlt …

Materieller Fortschritt allein löst manchmal ein Problem, schafft jedoch ein anderes. Manche Menschen haben zum Beispiel großen Wohlstand erworben, eine gute Erziehung genossen und einen hohen sozialen Stand errungen, aber dennoch weicht das Glück ihnen aus. Sie nehmen Schlaftabletten und trinken zu viel Alkohol. Etwas fehlt ihnen, irgendein Bedürfnis ist immer noch unbefriedigt, und so nehmen diese Menschen Zuflucht zu Medikamenten, Drogen oder zur Flasche. Auf der anderen Seite finden einige Menschen, die weniger Geld haben, um sich darüber Sorgen zu machen, mehr Frieden. Nachts schlafen sie gut. Obwohl sie auf materieller Ebene arm sind, sind sie dennoch zufrieden und glücklich. Dies beweist den Einfluss einer guten geistigen Einstellung.

Kein Stillstand

Übermäßiger Konsum und Verbrauch von Dingen oder übertriebene Anstrengung, viel Geld zu verdienen, sind nicht gut. Aber ebenso wenig ist bloße Zufriedenheit gutzuheißen. Grundsätzlich soll Zufriedenheit ein Ziel sein, aber einfach nur genügsam zu sein verhindert die Entwicklung und ist, als wäre man lebend tot.

Nie genug

Wenn ein Mensch glaubt, dass Geld mit Glück gleichzusetzen ist, dann wird er sich ständig mit der Vermehrung seines Reichtums beschäftigen, auch wenn er schon reich ist. Er jagt diesem unerreichbaren Traum nach. Er verstärkt seine Bemühungen. Er strebt nach mehr. Je reicher er wird, desto mehr Problemen ist er ausgesetzt. Das ist ganz zwangsläufig so. Die Art Glück und die Freiheit, die er gesucht hat, hat er also nicht erlangt, sondern das Gegenteil: Er ist jetzt ein Sklave des Geldes und befindet sich in noch größerer Knechtschaft als zu Beginn. Und, so meine Beobachtung, er wird, egal, wie viel Geld er verdient, egal, wie hoch sein Einkommen ist, immer die quälende Angst haben, er habe nicht genug Geld. Denn je mehr Geld er verdient, desto verschwenderischer und teurer wird sein Lebensstil, und dementsprechend werden seine Ausgaben steigen.

Zwei Methoden

Es gibt zwei wesentliche Methoden, mit denen man versuchen kann, diese Angst zu reduzieren. Die erste besteht darin, noch mehr Geld anzuhäufen. Doch es ist nicht gesagt, ob sie die gewünschte Wirkung haben wird. Die zweite besteht darin, die Ausgaben zu reduzieren, ganz bewusst bescheidenere Ansprüche zu haben. Es wäre also hilfreich, einen Moment innezuhalten und sich zu fragen: „Was tue ich da eigentlich? Warum tue ich es?“ Und dann sehen, ob all dieses Geld wirklich notwendig ist, ob die Aktivitäten, die es vermehren, wirklich nutzbringend sind. Dieser einfache Akt des Nachdenkens und des Innehaltens kann wirksam sein.

Daher lautet meines Erachtens die wichtigste Frage: „Was ist meine grundlegende Sicht des Lebens?“ Wenn Sie sich an Äußerlichkeiten orientieren und es Ihre Grundannahme ist: „Ja, das Glück kommt von außen, erfolgt durch äußere Mittel, durch die Schaffung von Reichtum", dann werden Sie letztlich diesen Kreislauf aufrechterhalten. Wenn Ihre grundlegende Lebensanschauung ist: „Ja, Geld ist wichtig, aber es gibt noch andere Faktoren, die genauso wichtig oder vielleicht sogar noch wichtiger für das Wohl sind", dann, denke ich, werden Sie ein glücklicheres Leben führen.

Zeit haben

Das menschliche Leben ist nicht nur für die Arbeit da, wie es jene kommunistische Vision besagt, wonach jeder einzig und allein das Ziel haben darf, für den Staat zu arbeiten, und es keine individuelle Freiheit gibt und wo der Staat sogar den Urlaub organisiert und ihn in allen Einzelheiten plant. Das ist kein erfülltes Leben. Die Individualität ist sehr wichtig für ein erfülltes menschliches Leben und dazu gehören etwas Freizeit, Urlaub und Zeit, die man mit der Familie und mit Freunden verbringt. Das sind die Mittel, ein vollständiges Leben zu führen. Wenn ein Mensch nur ans Geld denkt und das auf Kosten menschlicher Werte, guter menschlicher Eigenschaften ... nein ... Wenn Ihr Leben lediglich ein Mittel zur Produktion ist, dann werden viele der guten menschlichen Eigenschaften und Merkmale verloren gehen – dann werden Sie nicht, können Sie nicht ein vollständiger Mensch sein.

Wenn Sie also Arbeit suchen und eine Auswahl haben, dann sollten Sie einen Job wählen, der Ihnen einige Kreativität ermöglicht und zudem Zeit für die Familie lässt. Selbst wenn das bedeutet, dass Sie weniger verdienen, so glaube ich persönlich, dass es besser ist, eine Arbeit zu wählen, die weniger anstrengend ist, die Ihnen größere Freiheit gibt und mehr Zeit für die Familie oder für andere Tätigkeiten, wie Lesen, kulturelle Aktivitäten oder einfach spielen. Ich glaube, das ist das Beste.

Geld und Glück

Untersuchen Sie Ihr Leben genau. Wenn Sie dies tun, wird es Ihnen schließlich schwer fallen, Ihr Leben zu missbrauchen, indem Sie wie ein Roboter werden oder indem Sie das Streben nach Geld für den Weg zum Glück halten.

Eine Übung

Beobachten Sie, wie ein Gegenstand, zum Beispiel eine Uhr, in einem Geschäft erscheint, wenn Sie zum ersten Mal Notiz von ihm nehmen, wie er sich dann verändert und gegenständlicher und greifbarer wird, sowie sich Ihr Interesse daran verstärkt; und wie er schließlich erscheint, nachdem Sie ihn gekauft haben und als Ihr Eigentum betrachten.

In Harmonie und Frieden leben – Verantwortung über-nehmen

Anstöße geben

Der Einzelne könne doch nichts bewirken, entspricht nicht dem buddhistischen Weltbild ... Kleine Anstöße können eine Lawine ins Rollen bringen. Es ist der Bewusstseinswandel vieler, der Veränderungen hervorbringen kann. Dies gilt auch für den politischen Bereich.

Meine Erfahrung

Ich betrachte die schwierigen Zeiten als die wichtigsten in meinem Leben. Durch sie habe ich viele neue Erfahrungen gewonnen und viel Neues dazugelernt – sie haben mich realistischer werden lassen. Als ich jung war und hoch über der Hauptstadt Lhasa im Potala-Palast lebte, schaute ich oft durch ein Teleskop auf das Leben der Stadt. Ich lernte auch viel vom Klatsch und Tratsch der Bodenfeger im Palast. Sie waren wie meine tägliche Zeitung und berichteten von Korruption, Skandalen und dem, was der Regent gerade tat. Ich war immer erfreut, zuzuhören, und sie waren stolz darauf, dem Dalai Lama zu erzählen, was in den Straßen vor sich ging. Die schlimmen Ereignisse, die nach der Invasion im Jahre 1950 stattfanden, zwangen mich dazu, mich direkt um Angelegenheiten zu kümmern, die andernfalls von mir fern gehalten worden wären. Als Resultat bevorzuge ich inzwischen ein Leben des sozialen Engagements in dieser Welt des Leidens.

Familie als Kern

Die Familie ist der Kern der Gesellschaft. Wenn dort Frieden herrscht und die menschlichen Werte Geltung haben, dann leben nicht nur die Eltern ein glückliches, spannungsfreies Leben, sondern auch ihre Kinder, Enkelkinder und vielleicht auch die künftigen Generationen. Haben die Eltern einen religiösen Glauben, dann werden sich die Kinder ganz von selbst dafür interessieren. Wenn sie gute Umgangsformen haben, niemandem Leid zufügen, einander lieben und respektieren, wenn sie jenen helfen, die Hilfe benötigen, und sich mit der Umwelt auseinander setzen, dann stehen die Chancen nicht schlecht, dass auch ihre Kinder so handeln und sich verantwortungsbewusst verhalten werden.

Wenn Vater und Mutter einander ständig beschimpfen, wenn sie tun, was ihnen gerade in den Sinn kommt, und die anderen nicht respektieren, dann werden nicht nur sie unglücklich sein, sondern auch ihre Kinder.

Ein Mensch wie du

Aus meiner eigenen bescheidenen Erfahrung weiß ich, dass es in einem Konflikt immer sinnvoll ist, den anderen anzublicken und sich zu sagen: „Sieh an, er ist wie du – ein menschliches Wesen, das nach Glück strebt, das seinem Leiden entgehen will, kurz: ein Mensch wie du selbst." Wenn wir dies aus einem echten Mitgefühl wirklich sagen können, dann ist es eine große Hilfe, um die inneren Barrieren zu überwinden, die Tür des Herzens zu öffnen und der Unruhe und Unzufriedenheit unseres Geistes zu begegnen. Außerdem gibt es innere Kraft und Selbstvertrauen. Und wo innere Kraft und Selbstvertrauen herrschen, da verschwinden Misstrauen, Furcht und Zweifel.

Der Einfluss der Medien

Heutzutage ist das Fernsehen eines der effektivsten Kommunikationsmittel. Menschen, die für das Fernsehen arbeiten und sich in der edlen Gesinnung der Fürsorge für andere üben möchten, könnten einen wesentlichen Beitrag leisten. Auch wenn Lust- und Mordgeschichten spannende Unterhaltung bieten, üben sie dennoch einen schlechten Einfluss auf den Geist aus. Wir brauchen diese Art von Unterhaltung nicht die ganze Zeit – aber das geht mich wahrscheinlich nichts an!

Wir müssen unsere Kinder in der Übung des Mitgefühls erziehen. Eltern und Lehrer können Kindern echte und warmherzige menschliche Werte vermitteln, was einen sehr großen Nutzen bringen wird. Ich las in einer Zeitung, dass eine Spielwarenfirma, die normalerweise Spielzeuggewehre herstellt, die Herstellung dieser Gewehre zu Weihnachten bewusst ausgesetzt hat. Was für eine wunderbare Idee! Welch uneigennützige Handlung!

Verantwortung

Verantwortung liegt nicht nur bei den Regierenden unserer Länder oder bei denen, die dazu ernannt oder gewählt worden sind, einen bestimmten Job zu tun. Sie liegt bei jedem Einzelnen von uns. Frieden beispielsweise beginnt in jedem von uns. Wenn wir inneren Frieden haben, können wir mit denen im Frieden sein, die uns umgeben. Wenn unsere Gemeinschaft sich im Frieden befindet, kann sie diesen Zustand mit benachbarten Gemeinschaften teilen usw. Wenn wir anderen gegenüber Liebe und Freundlichkeit empfinden, so gibt dies nicht nur anderen das Gefühl, geliebt und umsorgt zu sein, sondern es hilft uns außerdem, inneres Glück und inneren Frieden zu entwickeln.

Die Welt in Ordnung bringen

Wenn wir uns die Weltgeschichte betrachten, sind die meisten großen Tragödien, die einen furchtbaren Verlust von Menschenleben nach sich zogen, von Menschen ausgelöst worden. Es sind Menschen, die den Schlamassel anrichten. Heutzutage leben Millionen von Menschen in ständiger Furcht vor Rassen-, ethnischen oder wirtschaftlichen Konflikten. Wer ist für diese Furcht verantwortlich? Nicht die Tiere. Kriege führen auch zum Tod unzähliger Tiere, doch das kümmert uns nicht. Wir sind vollständig mit uns selbst beschäftigt. Es wird viel darüber geredet, Kriege zu beenden, aber wir müssen über unser Wunschdenken hinausgehen. Wo bleibt der Wert unseres Menschseins, wenn wir, ohne Mitgefühl zu zeigen, ohne Fürsorge zu zeigen, einfach nur Tiere töten und essen und Tausende von Menschen bekämpfen und töten? Es ist unsere Verantwortung, dieses Durcheinander in Ordnung zu bringen.

Die einfache Lösung

Harmonie kann nicht in einem Klima von Misstrauen, Betrug, Unterdrückung oder gnadenlosem Wettbewerb gedeihen. Erfolg durch Einschüchterung und Gewalt ist bestenfalls vorübergehend; sein oberflächlicher Nutzen schafft nur neue Probleme. Das ist der Grund, warum nur ein paar Jahrzehnte nach der erschütternden menschlichen Tragödie des Ersten Weltkrieges der Zweite Weltkrieg geführt und weitere Millionen von Menschen getötet wurden. Wenn wir unsere lange Geschichte von Hass und Wut untersuchen, erkennen wir die offensichtliche Notwendigkeit, einen besseren Weg zu finden. Wir können unsere Probleme nur mit friedvollen Mitteln lösen – friedvolle Worte allein reichen nicht, sondern wir brauchen einen friedvollen Geist und ein friedvolles Herz. Auf diese Weise werden wir eine bessere Welt haben.

Picknick und Spiele

Kriege entstehen aus dem Scheitern, das Mensch-sein der Anderen zu verstehen. Warum lassen wir nicht anstelle von Gipfeltreffen Familien einander bei einem Picknick treffen und sich kennen lernen, während die Kinder zusammen spielen?

Schwestern und Brüder

Die verzweifelte Lage unserer Welt ruft uns zum Handeln auf. Jeder von uns hat auf der tieferen Ebene unserer gemeinsamen Menschlichkeit eine Verantwortung und muss versuchen zu helfen. Menschlichkeit wird bedauerlicherweise allzu oft für das Aufrechterhalten von Ideologien geopfert. Das ist vollkommen falsch. Politische Systeme sollten eigentlich den Menschen von Nutzen sein. Aber genau wie Geld können sie Kontrolle über uns ausüben anstatt für uns zu arbeiten. Wenn wir mit Warmherzigkeit und Geduld die Standpunkte der anderen in Betracht ziehen und Gedanken in ruhiger Diskussion austauschen können, werden wir Punkte der Übereinstimmung finden. Es ist unsere Verantwortung – aus Liebe und Mitgefühl für die Menschheit –, nach Harmonie zwischen Nationen, Ideologien, Kulturen, ethnischen Gruppen und auch wirtschaftlichen und politischen Systemen zu streben. Wenn wir wirklich die Ein-

heit der gesamten Menschheit anerkennen, wird unser Antrieb, Frieden zu finden, stärker werden.
Im tiefsten Sinn sind wir wirklich Schwestern und Brüder, daher müssen wir unser jeweiliges Leiden miteinander teilen. Gegenseitige Rücksichtnahme, Vertrauen und Interesse am Wohlergehen der jeweils anderen sind unsere beste Hoffnung für dauerhaften Weltfrieden.

Staatsoberhäupter haben natürlich eine besondere Verantwortung auf diesem Gebiet. Doch jeder Einzelne muss ebenso die Initiative ergreifen, ungeachtet religiöser Bekenntnisse. Einfach durch unser Menschsein, durch das Streben nach Glück und das Vermeiden von Leid, sind wir Bürger dieses Planeten. Wir sind alle dafür verantwortlich, eine bessere Zukunft zu schaffen. Um eine wohlwollende Einstellung zu erlangen, ein warmes Herz, Achtung für die Rechte der anderen und Interesse an ihrem Wohlergehen, müssen Sie Ihren Geist schulen.

Unsere gemeinsame Mutter

Ich mache oft den Scherz, dass der Mond und die Sterne schön aussehen, aber wenn jemand von uns versuchen würde, auf ihnen zu leben, würde es ihm schlecht ergehen. Dieser unser blauer Planet ist ein wunderbarer Lebensraum. Sein Leben ist unser Leben, seine Zukunft ist unsere Zukunft. Tatsächlich verhält sich die Erde uns allen gegenüber wie eine Mutter. Wie Kinder hängen wir von ihr ab. Angesichts solcher globalen Probleme wie des Treibhauseffekts und der Ausdünnung der Ozonschicht sind individuelle Organisationen und einzelne Nationen hilflos. Solange wir nicht alle zusammenarbeiten, kann keine Lösung gefunden werden. Unsere Mutter Erde erteilt uns eine Lektion in universeller Verantwortung.

Intelligenz verpflichtet

Wir sollten uns aber auch darüber im Klaren sein, dass die unterschiedlichen religiösen Traditionen einen wichtigen Teil dazu beitragen können, die Welt friedlicher zu gestalten. Ihnen kommt eine große Bildungsaufgabe zu. Denn gerade dies zeichnet doch uns Menschen aus, dass wir über das Vermögen zu Bildung und Erziehung verfügen, dass wir also das, was uns von Natur gegeben ist, ausprägen und entwickeln können. So sind Mitgefühl und Zuneigung auch den Tieren in begrenztem Umfang eigen. Wir Menschen verfügen darüber hinaus aber auch über Intelligenz. Diese Intelligenz erlaubt es uns, jene Gefühle zu erweitern und zu verallgemeinern, so dass sie sich nicht nur auf unsere engsten Verwandten und eine handvoll Freunde beziehen, sondern auf die gesamte Menschheit, ja weiter noch: auf die gesamte fühlende Natur, bis hin in die Pflanzenwelt. Das ist ein wichtiger Aspekt im Blick auf die Umweltproblematik: Je mehr es uns gelingt, eine Grundhaltung des umfassenden Mitgefühls auszubilden, desto mehr Aufmerksamkeit entwickeln wir für die Natur. Mitgefühl ist deswegen auch der Schlüssel für eine tiefere Bezogenheit auf unsere Umwelt.

Nur der Mensch verfügt über die Möglichkeit, das Mitgefühl auf diese Weise zu erweitern und zu vergrößern. Er verfügt über diese Möglichkeit dank seiner Intelligenz. Deswegen wäre es zu kurz gegriffen, wenn wir Mitgefühl, Liebe und Versöhnung als rein religiöse Angelegenheiten deklarieren wollten. Wäre es nämlich so, dann gäbe es für Menschen ohne religiöse Interessen oder Zugehörigkeiten auch keine Notwendigkeit, sich um diese Qualitäten menschlichen Lebens zu kümmern.

Eine Menschheit

Kampf, Betrug und Unterdrückung haben uns in die Falle der gegenwärtigen Lage gelockt; jetzt brauchen wir die Schulung in neuen Übungen, um einen Weg herauszufinden. Es mag praxisfern und idealistisch erscheinen. Aber wir haben keine Alternative zu Mitgefühl, dem Erkennen menschlicher Werte und der Einheit der Menschheit: Das ist der einzige Weg, um dauerhaftes Glück zu erreichen. Ich reise von Land zu Land mit diesem Gefühl der Gleichheit und Einheit. Ich habe meinen Geist über Jahrzehnte geschult. Daher gibt es keine Barrieren, wenn ich Menschen verschiedener Kulturen treffe. Ich bin davon überzeugt, dass wir grundsätzlich alle gleich sind, trotz verschiedener Kulturen und unterschiedlicher politischer und wirtschaftlicher Systeme. Je mehr Menschen ich treffe, desto stärker wird meine Überzeugung, dass die Einheit der Menschheit, gestützt auf Verständnis und Respekt, eine realistische und lebensfähige Grundlage für unser Verhalten darstellt. Wohin ich auch immer gehe, ist es das, worüber ich spreche. Ich glaube, dass die Übung von Mitgefühl und Liebe – ein aufrichtiges Gefühl für Bruderschaft und Schwesternschaft – die allumfassende Religion ist. Es kommt nicht darauf an, ob Sie Buddhist, Christ, Moslem oder Hindu sind oder ob Sie überhaupt eine Religion ausüben. Worauf es ankommt, ist Ihr Gefühl der Verbundenheit mit der Menschheit.

Die Essenz der Lehren Buddhas

Hilf anderen, falls möglich.

Falls das nicht möglich ist, füge zumindest niemandem Schaden zu.

Zeit in unserer Hand – Leben ist jetzt

Aufgeschoben, aufgehoben

Es waren einmal zwei Mönche – ein Lehrer und ein Schüler. Um seinen Schüler zu ermutigen, versprach der Lehrer: „Wir machen demnächst ein Picknick.“ Aber nach wenigen Tagen war alles vergessen. Daraufhin erinnerte später der Schüler seinen Lehrer an sein gemachtes Versprechen, erhielt jedoch von diesem nur die Antwort, dass er jetzt zu beschäftigt sei, um ein Picknick zu machen. Eine lange Zeit verstrich: kein Picknick. Als er erneut an sein Versprechen erinnert wurde, sagte der Lehrer: „Nicht jetzt, ich habe zuviel zu tun.“ Eines Tages sah der Schüler, wie eine Leiche fortgetragen wurde, und der Lehrer fragte ihn, was denn geschehen sei. Worauf sein Schüler ihm antwortete: „Nun, dieser arme Mann geht zu einem Picknick.“ Also: Wenn man für eine Angelegenheit, die man als wichtig empfindet, keinen genauen Zeitpunkt für deren Erledigung festlegt, wird man immer andere Verpflichtungen finden, die einen an der Ausführung hindern.

Nutze die Chance

Die Zeit hält nicht inne noch wartet sie, sondern fließt ungehindert dahin. Dementsprechend schreitet auch unser Leben immer weiter voran. Wenn etwas im Leben misslingt oder uns ein Unglück widerfährt, können wir uns nicht umwenden, die Zeit anhalten und von Neuem beginnen. So gesehen gibt es keine echte zweite Chance oder Gelegenheit.

Nicht über Nacht

Ein kleines Kind wächst zu einem jungen Menschen heran; dies geschieht nicht über Nacht, sondern braucht Zeit. In ähnlicher Weise verhält es sich, wenn man seine geistigen Gewohnheiten ändern möchte. Heutzutage werden bestimmte wachstumsfördernde Mittel gespritzt, um Kühe, Schweine und Geflügel schneller heranwachsen zu lassen – nur um sie dann zu schlachten und zu konsumieren. Dieser Umgang mit der Natur hat einen negativen Einfluss auf den Menschen. Wenn wir uns also mit geistiger Tätigkeit, Veränderung und Wandlung befassen, dann können wir nicht einfach bestimmte Eigenschaften und Qualitäten injizieren und erwarten, dass sich der Geist plötzlich und schnell verändert.

Haare in den Ohren

Es gibt Menschen, die körperlich alt sind, aber so tun, als ob sie jung wären. Manchmal, wenn ich in Ländern wie den Vereinigten Staaten Freunde treffe, die ich schon lange kenne, begrüße ich sie mit den Worten „mein alter Freund". Ich meine damit, dass wir uns schon seit langer Zeit kennen und nicht unbedingt „körperlich alt". Aber wenn ich das sage, werde ich oft nachdrücklich korrigiert: „Wir sind nicht alt! Wir sind alte Freunde." Aber sie *sind* alt – ihnen wachsen Haare in den Ohren, und das ist ein sicheres Zeichen für das Alter – aber es ist ihnen unangenehm, alt zu sein. Das ist dumm.

Ich denke, dass die maximale Dauer eines menschlichen Lebens einhundert Jahre beträgt, was im Vergleich zur Lebensdauer unseres Planeten sehr kurz ist. Dieses kurze Leben sollte in einer Weise benutzt werden, dass es anderen keine Schmerzen zufügt. Es sollte nicht dazu genutzt werden, schädliche Handlungen zu begehen, sondern eher konstruktiv und positiv tätig zu sein – zumindest jedoch nicht dazu, anderen zu schaden oder ihnen Probleme zu bereiten.

Vier Berge

Es gibt keinen Weg, dem Tod zu entkommen oder vor ihm zu flüchten – das wäre so, als ob man von vier Bergen umgeben wäre, die den Himmel berühren, und die man überwinden wollte, um der Umkesselung zu entfliehen. Vor diesen vier Bergen, Geburt, Alter, Krankheit und Tod gibt es kein Entrinnen. Das Älterwerden verdrängt die Jugend, Krankheit beeinträchtigt die Gesundheit, der Verfall des Lebens hebt alle guten, dem Menschen mitgegebenen Eigenschaften auf, und der Tod beendet das Leben. Mit welchen Qualitäten wir auch ausgestattet sein mögen, vor dem Tod können wir nicht weglaufen. Wir können weder durch Reichtum oder Zauberei noch durch das Wiederholen von Mantras und Gebeten oder Medizin den Tod aufhalten. Deshalb sind wir gut beraten, uns auf den Tod vorzubereiten.

Tagesbilanz

So wie wir vielleicht am Ende eines Tages auf die Schnelle überschlagen oder ausrechnen, wie erfolgreich sich unser Geschäft entwickelt hat, indem wir Zahlen zusammenzählen oder den erwirtschafteten Gewinn taxieren, sollten wir auch überprüfen, welche Art von Leben wir während des verstrichenen Tages geführt haben – ob es gut oder weniger gut war.

Hoffnung hilft

Ohne Hoffnung würde unser Leben seinen Bezug auf den Sinn verlieren. Wenn wir unsere Hoffnung aufgeben, wird unser Leben leer und flach – wird aber unser Leben leer und flach, verkürzen wir es auch. Deswegen ist die Hoffnung auf Glück, das Streben nach Glück, einer der wichtigsten Faktoren in unserem Leben. Wie macht sich diese Hoffnung in unserem Leben bemerkbar? Nach meiner Erfahrung artikuliert sie sich in einer inneren Stärke, in einer optimistischen Grundeinstellung, im Grundvertrauen in sich und die Welt. Wo wir diese Eigenschaften ausprägen, sind wir dem glücklichen und sinnvollen Leben schon ein großes Stück näher gekommen.

Hoffentlich

Unser Alltagsleben, besonders das der fernen Zukunft, hängt sehr stark von unserer Hoffnung ab. Es gibt keine Garantie für die Zukunft, nur eine, die auf Hoffnung gründet. Hoffnung bedeutet etwas Gutes. Niemand hofft auf etwas Schlechtes. Deswegen ist das wahre Ziel unseres Lebens das Glück: glücklichere Tage, glücklichere Wochen, glücklichere Jahre, eine glücklichere menschliche Gemeinschaft zu erlangen. Da die geistige Einstellung ein Hauptfaktor ist, sollten wir meiner Ansicht nach mehr Aufmerksamkeit auf unsere innere Entwicklung lenken.

Die Vier Edlen Wahrheiten

Um uns vom Daseinskreislauf zu befreien, brauchen wir ein Verständnis davon, wie dieser beschaffen ist. Wir müssen 1) die spezifischen Arten von Leiden kennen; 2) die Ursachen dieser Leiden aufdecken; 3) herausfinden, ob es möglich ist, diese Ursachen zu beseitigen; und dann 4) festlegen, was zu tun ist. Entsagung beinhaltet daher zumindest ein teilweises Verständnis der Vier Edlen Wahrheiten:

1. wahres Leiden,
2. wahre Ursprünge des Leidens,
3. wahre Beendigungen des Leidens und seiner Ursprünge,
4. wahre Wege, um die wahren Beendigungen zu verwirklichen.

Gesund bleiben – Was uns wirklich gut tut

Billiger

Einige meiner Freunde, die den Dharma praktizieren, leiden unter zu hohem Blutdruck und haben trotzdem keinerlei gesundheitliche Krisen, sie fühlen sich nie erschöpft. Andere Freunde leben in großem materiellem Wohlstand, beginnen aber nach dem Austausch der ersten Begrüßungsworte gleich zu klagen und zu jammern. Trotz ihrer angenehmen Lebensumstände kennt der Geist dieser Menschen keine Ruhe und keinen Frieden, und folglich machen sie sich ständig Sorgen über ihre Verdauung, über ihren Schlaf – einfach über alles. Geistige Ruhe und Gelassenheit sind also eine wichtige Bedingung für gute Gesundheit. Hierfür brauchen Sie keinen Arzt, schauen Sie in Ihr Inneres, versuchen Sie etwas von Ihrem Potential zu nutzen. Dies kommt außerdem billiger!

Mahlzeit

Lassen Sie uns die Freuden des Essens betrachten. Heute hatte ich ein köstliches Mahl. Als ich es aß, sah es einladend aus, doch als es meinen Magen und meine Gedärme passierte, hat es sich in etwas nicht mehr so Schönes verwandelt. Wenn wir essen, vermeiden wir es, wahrzunehmen, dass genau das geschieht, und wir finden Vergnügen an der Mahlzeit, indem wir denken: „Oh, dieses Essen ist wunderbar. Ich bin wirklich sehr zufrieden." Aber diese wunderbaren Speisen wandern durch unseren Körper und enden schließlich in der Toilette in einer Form, die niemand mehr als schön betrachtet. Dieses Zeug, das die meisten als äußerst schmutzig ansehen, wird in unserem menschlichen Körper produziert. In gewisser Hinsicht ist die Erzeugung von Stuhlgang eine der Hauptfunktionen unseres Körpers. Essen, arbeiten und Geld verdienen sind in sich selbst bedeutungslos. Eine noch so kleine Handlung des Mitgefühls jedoch verleiht unserem Leben Sinn und Bedeutung.

Oberflächlich

Es gibt vorübergehende Erfahrungen, wie das Essen von guten Speisen, die in und aus sich selbst angenehm und vergnüglich erscheinen, die sich aber in Schmerzen verwandeln, wenn man sie ununterbrochen genießt – das ist das Leiden der Veränderung. Wenn eine Situation von Vergnügen in Schmerzen übergeht, denken Sie über die Tatsache nach, dass sich nun die tiefere Natur des ursprünglichen Vergnügens enthüllt. Die Anhaftung an solch oberflächliche Freuden wird nur weiteres Leid bringen.

Der gleiche Magen

Buddhistische Nonnen und Mönche halten sich beispielsweise beim Essen zurück: ein kleines Frühstück, dann ein Mittagessen und danach nichts mehr. Sie haben kein Recht zu fordern: „Ich möchte dieses oder jenes essen." Was immer ihnen auf ihren täglichen Bettelrunden gegeben wird, müssen sie akzeptieren. Sie sind nicht notwendigerweise Vegetarier. Was immer ihnen gegeben wird, essen sie. Das ist die Übung in der Zufriedenheit, was das *Essen* anbelangt. Es lindert die Sorge, dass man gerne dieses oder jenes essen möchte. Laienpraktizierende können dieser Übung nacheifern, indem sie nicht auf einer besonderen Speise bestehen. Auch wenn Sie reich sind, können Sie deswegen nicht viel mehr zu sich nehmen als arme Menschen, außer zu Ihrem eigenen Schaden. Reiche und arme Menschen haben den gleichen Magen.

Das rechte Maß

Unser Körper muss durch grobe Substanzen wie die Nahrung in Gang gehalten werden. Doch wenn wir zu viel essen, dann verwandelt sich genau das, was notwendig ist, um die Gesundheit hervorzurufen, in eine Quelle von Krankheiten und Leiden. In den Ländern, in denen Knappheit an Nahrungsmitteln herrscht, stellen Hunger und der Hungertod die Hauptursachen von Leiden dar. In den Ländern jedoch, in denen Nahrungsmittel in großer Vielzahl und vielen nahrhaften Variationen zur Verfügung stehen, gibt es Leiden aufgrund von zu vielem Essen und Magenverstimmungen. Wenn eine Balance herrscht ohne offenkundige Probleme, dann nennen wir dies „Glück“; doch es wäre dumm zu denken, dass wir frei von Krankheiten wären oder jemals frei von Krankheiten werden könnten. Der Körper, den wir haben, ist ein Zuhause für Probleme. Es ist nicht so, als ob wir in der Abwesenheit von Krankheit, Krieg oder Hunger nicht sterben würden. Es liegt in der Natur des Körpers, sich aufzulösen. Vom Beginn der Zeugung an ist der Körper dem Sterben unterworfen.

Somit stellt dieser menschliche Körper einen unschätzbaren Reichtum dar, mächtig und stark, und dennoch zerbrechlich. Einfach dadurch, dass Sie am Leben sind, befinden Sie sich an einem kritischen Kreuzungspunkt und tragen eine große Verantwortung. In diesem Leben kann für Sie selbst und für andere großes Gutes erreicht werden, und so wäre es eine fürchterliche Verschwendung, von den unbedeutenden Angelegenheiten abgelenkt zu werden.

Zuviel ist zuviel

Wir Mönche und Nonnen dürfen keine teuren Kleidungsstücke tragen. Vor dem Überfall der chinesischen Kommunisten in Tibet trugen Mönche und Nonnen manchmal jedoch luxuriöse Kleidung, was Korruption und Selbstbetrug gleichkam. (In gewisser Hinsicht waren die kommunistischen Chinesen gütig, dass sie diese Korruptheit zerstört haben!) Diese Einschränkungen sind die Übung in Bezug auf *Kleidung*. Laienpraktizierende können eine ähnliche Übung auf sich nehmen, indem sie Maß halten, was Kleidung betrifft. Das Gleiche trifft auf Schmuck zu. Mehr als ein Ring an jedem Finger ist zweifellos zu viel!

Es ist ein Fehler zu denken, dass es sich wirklich lohne, mehr Geld für Essen, Kleidung und Schmuck auszugeben, nur weil man mehr Geld hat. Es wäre besser, wenn man stattdessen mehr Geld für die Erziehung und die Gesundheit armer Menschen ausgäbe. Das wäre kein aufgezwungener Sozialismus, sondern freiwilliges Mitgefühl.

Geist und Leib

Wir alle kennen Situationen, in denen wir uns geistig so wohl fühlen, dass wir unter den gleichzeitig auftretenden körperlichen Problemen überhaupt nicht leiden. Man kann sagen, dass in solchen Zuständen das geistige Glück unsere körperlichen Leiden überstrahlt. Wie aber, wenn wir uns körperlich sehr wohl fühlen, dabei aber im Geiste bedrückt, niedergeschlagen und mutlos sind? In solchen Fällen bleibt unser leibliches Wohlbefinden ohnmächtig. Auch die angenehmsten körperlichen Empfindungen vermögen unser geistiges Leiden nicht zu lindern. Daraus können wir erkennen, dass die geistige Ebene unseres Lebens seiner leiblichen Ebene vorgeordnet ist.

Kein tibetisches Spezialmittel

Unser Geist sollte immer in Gelassenheit verweilen, auch wenn man von Angst überfallen wird, wie das zwangsläufig im Leben vorkommt. Diese Verstörungen sind kurzlebig, wie Wellen, die sich aus dem Wasser erheben und wieder zurücksinken. Deshalb sollte Ihre geistige Grundeinstellung davon nicht berührt werden. Wenn Sie gelassen bleiben, bleibt auch Ihr Blutdruck normal, was für Ihre Gesundheit förderlich ist. Ich habe keine wissenschaftliche Erklärung dafür, ich weiß nur, dass meine eigene körperliche Verfassung sich mit zunehmendem Alter verbessert, obwohl ich immer die gleiche Arznei einnehme, den gleichen Arzt habe, das gleiche Essen. Es muss also an meiner geistigen Einstellung liegen. Manchmal sagt man mir: Sie haben sicherlich ein tibetisches Spezialmittel. Nein, das habe ich nicht!

Mitgefühl gibt Kraft

Als ich vor einiger Zeit in Bodh Gaya war, erkrankte ich aufgrund einer chronischen Darminfektion. Auf dem Weg ins Krankenhaus hatte ich heftige Schmerzen, und ich schwitzte sehr stark. Das Auto fuhr durch die Gegend des Geierberges (Buddha hat dort gelehrt), wo die Dorfbewohner sehr arm sind. Der indische Bundesstaat Bihar, in dem der Geierberg liegt, ist allgemein sehr arm, aber in dieser Gegend sind die Menschen noch viel ärmer. Ich habe noch nicht einmal Kinder gesehen, die auf dem Weg zur oder von der Schule waren. Nur Armut. Und Krankheit. Ich erinnere mich lebhaft an einen kleinen Jungen mit Kinderlähmung, der rostige metallene Stützbänder an seinen Beinen hatte und metallene Krücken, die er unter die Achseln geklemmt hatte. Es war offensichtlich, dass er niemanden hatte, der nach ihm schaute. Ich war zutiefst berührt. Ein wenig später sah ich an einem Teestopp an der Straße einen alten Mann, der nur mit einem schmutzigen Stück Stoff bekleidet war. Er war auf den Boden gefallen und dort liegen geblieben, und niemand kümmerte sich um ihn.

Später im Krankenhaus drehten sich meine Gedanken weiter um das, was ich gesehen hatte, und ich dachte darüber nach, wie traurig es ist, dass ich Menschen hatte, die sich um mich kümmerten, während diese armen Menschen dort auf der Straße niemanden hatten. Ich habe meine Gedanken darauf gelenkt, nicht auf mein eigenes Leiden. Obwohl mir der Schweiß am Körper herunter lief, waren meine Sorgen woanders.

Auf diese Weise litt mein Geist weder Furcht noch Unbehagen, obwohl mein Körper starke Schmerzen durchmachte, die mich am Schlafen hinderten (es hatte sich ein Loch in der Darmwand gebildet). Es hätte die Lage nur verschlimmert, wenn ich mich auf meine eigenen Probleme konzentriert hätte.

Sag „Ja"

Sehen wir uns noch einmal das körperliche Leiden an: Wenn wir Schmerzen spüren, können wir diese Schmerzen nicht einfach beseitigen. Wir können aber diese Situation akzeptieren und „Ja“ zu ihr sagen. Vielleicht können wir sie sogar als etwas Wertvolles betrachten, das im Zusammenhang unseres Lebens Sinn macht. Wenn wir auf diese Weise freiwillig unser körperliches Leiden auf uns nehmen, kann dies dazu führen, dass unsere innere Kraft gestärkt wird. Auch daran wird der große Einfluss unserer inneren Haltung auf unsere gesamte Lebendigkeit erkennbar.

Statt Medikamente

Am Anfang unseres Lebens steht die Geburt, bei der wir leiden, und am Ende unseres Lebens steht der Tod, bei dem wir ebenso leiden. Zwischen diesen beiden stehen Alter und Krankheit. Wie reich und wie gesund wir auch sein mögen, wir haben keine andere Wahl, als diese Lebenssituationen zu durchleiden.

Zu allem hinzu kommt noch die Unzufriedenheit. Wir wollen mehr und mehr und mehr. Das ist, in gewisser Weise, wirkliche Armut – immerzu hungrig und hungrig und hungrig zu sein, ohne ein bisschen Zeit zur Zufriedenheit. Andere mögen nicht reich sein, aber die Zufriedenheit stattet sie mit weniger Sorgen, weniger Feinden, weniger Problemen und sehr gutem Schlaf aus. Nicht nur einmal habe ich, als ich die eindrucksvollen Häuser reicher Leute besuchte, einen heimlichen Blick in den Medizinschrank im Badezimmer geworfen und darin Medizin gefunden, die entweder Energie am Tag spenden oder zu Schlaf in der

Nacht verhelfen soll. Zufriedenheit könnte diese beiden Aufgaben besser erfüllen, da sie Angst und Sorge am Tag verringert, was dann den Weg für einen sanften Schlaf ebnet.

Meine Schlaftablette

Wenn man im Halbschlaf oder wenn man zu träumen beginnt, das Bewusstsein und die Konzentration auf die Kehle lenkt, intensivieren sich die Träume und drängen sich verstärkt in den Schlaf. Lenkt man seine Gedanken jedoch auf das Herz, wird der Schlaf tiefer und fester. Dies ist meine ganz subjektive Schlaftablette.

Die Gefühle kultivieren – Freundlichkeit verändert alles

Innerlich abrüsten

Was treibt uns an? Gibt es in uns Hass oder Eifersucht? Sie sind Zerstörer des inneren Friedens. Wenn wir uns wirklich für den Frieden in der Welt einsetzen wollen, müssen wir uns darum bemühen, diese negativen und gefährlichen Emotionen loszuwerden und statt ihrer die positiven Emotionen wie Mitgefühl und Liebe zu stärken. Es geht also um eine Art „innerer Abrüstung". Um sie sollten wir uns in erster Linie bemühen. Wenn wir dies tun und dabei Fortschritte machen, wird sich ganz von selbst eine friedlichere Gesellschaft herausbilden.

Ruhe kommt von innen

Ein innerlich ruhiger und ausgeglichener Geist lässt sich durch die auf ihn eindringenden Probleme nicht aus der Fassung bringen. Uneinigkeit und Kontroversen beunruhigen ihn nicht. Er lässt sich von ihnen nicht zu großen Konflikten provozieren. Solange aber unser Geist nicht von dieser inneren Ruhe durchdrungen ist, kann sich auch die leichteste Meinungsverschiedenheit zu einem tiefgehenden Krach ausweiten. Bevor wir also vom Weltfrieden reden, müssen wir uns zunächst über die innere Welt der Individuen Gedanken machen. Hier gilt es, einen inneren Frieden zu schaffen – und wenn dies der Fall ist, dann kann dieser innere Frieden nach außen strahlen: in die eigene Familie, in die eigene Gemeinschaft, in die Politik. Dies ist der eigentliche Weg zu einer dauerhaft friedlichen Weltordnung.

Quelle des Glücks

Wenn Sie sich in Ihrem täglichen Leben bewusst sind, dass Sie in Ihrem Inneren gute Eigenschaften besitzen – wie Mitgefühl, die Fähigkeit zur Vergebung oder das Vermögen, die Dinge aus einer erweiterten Perspektive zu sehen –, dann können äußere Faktoren dem inneren geistigen Frieden nichts anhaben, seien die Umstände noch so schwierig. Das gilt selbst dann, wenn Sie von Feindseligkeit umgeben sind. Deswegen ist das Mitgefühl die Quelle des Glücks. Wenn Sie andererseits an einem Tag verstimmt sind oder ein Gefühl des Hasses mit sich herumtragen, dann werden Sie den ganzen Tag nicht glücklich sein, auch wenn die äußeren Bedingungen gut sind oder Sie von guten Freunden umgeben sind. Ich glaube deshalb, dass die innere geistige Einstellung der wichtigste Faktor für Glück oder Unglück ist.

Ein Juwel

Falls wir, mitten im Abfallhaufen von Begierde, Hass und Unwissenheit – Emotionen, die unserem Geist und unserer Welt Leiden bringen –, eine mitfühlende Haltung entwickeln, sollten wir dies wie einen Edelstein wertschätzen. Diese kostbare Entdeckung kann uns Glück und wirklichen Frieden und Gelassenheit bringen. Andere Möglichkeiten, wie zum Beispiel einen Urlaub zu machen, Medikamente oder Drogen zu nehmen, verschaffen nur vorübergehende Erleichterung. Eine disziplinierte Haltung von aufrichtigem Interesse an anderen, indem Sie andere höher schätzen als sich selbst, ist sowohl für Sie als auch für andere hilfreich. Sie schadet niemandem, weder kurzfristig noch auf lange Sicht. Mitgefühl ist ein unschätzbares Juwel.

Kein Vergleich

Mit wem wir auch zusammen sein mögen, sehr oft denken wir „Ich bin stärker als er“, „Ich bin schöner als sie“, „Ich bin intelligenter“, „Ich bin reicher“, „Ich bin fähiger als er“ und so fort – wir entwickeln ein hohes Maß an Stolz. Das ist ganz und gar nicht gut. Stattdessen sollten wir bescheiden und genügsam bleiben. Selbst dann, wenn wir anderen helfen und uns in Wohltätigkeitsprojekten engagieren, sollten wir uns nicht überheblich für große Wohltäter halten, die als Einzige den Schwachen in ihrer Notlage helfen können.

Erleichterung

Als ich ungefähr vierzehn Jahre alt war, hat mich der Regent, der damals mein erster Privatlehrer war, einmal während des Sommers im Norbulingka-Palast nach einer Belehrung, die er jedes Jahr gab, gescholten. In einer schroffen Haltung sagte er: „Auch wenn deine Verwirklichung der eines Gottes ebenbürtig ist, muss dein Verhalten dennoch dem eines menschlichen Wesens entsprechen." Ich war verletzt, da ich mich bereits wie ein gewöhnlicher Schüler, der ihm zuhörte, verhielt, obwohl ich der Dalai Lama war und im Rang über ihm stand. Ich war irritiert und fühlte mich während der nächsten Monate unwohl. Dann marschierten die Chinesen 1950 in Osttibet ein, und ich musste von Lhasa nach Tromo in Südwesttibet, nahe der Grenze zu Indien, fliehen. Nach einiger Zeit haben mir die Beamten in Lhasa geraten, zurückzukehren, da die Situation beeinflussbar erschien. Auf dem Weg zurück nach Lhasa haben wir einige Tage in Talungdra, dem Kloster des Regenten, verbracht.

Eines Tages fragte er mich, während einer ungezwungenen Unterhaltung, ob er mich jemals durch sein Verhalten aus der Fassung gebracht habe. Ich sagte ihm, etwas vage, ohne zu sehr ins Detail zu gehen, was passiert war. Was war das für eine Erleichterung! Wir hatten einen vergnüglichen weiteren Aufenthalt im Kloster.

Es ist besser, über solche Dinge, die nur einmal geschehen, zu reden, wohingegen man die andere Klasse von kontraproduktiven Emotionen, die Gefühle wie Lust, Hass, Feindseligkeit, Eifersucht und Streitsucht einschließen, besser nicht ausdrückt, da sie sonst immer mehr zunehmen. Indem man sie zum Ausdruck bringt, verbreiten sie sich und werden stärker. Es ist besser, über die Nachteile nachzudenken, die entstehen, wenn man sich auf solche Emotionen einlässt, und zu versuchen, sie durch Gefühle von Zufriedenheit und Liebe zu ersetzen. Wir sollten negative Emotionen, wenn sie in Erscheinung treten, kraftvoll überwinden. Noch besser wäre aber, Wege zu finden, wie wir ihnen zuvorkommen können.

Bescheidenheit

Wenn man eine bescheidene Haltung annimmt, werden die eigenen guten Eigenschaften sich mehren. Wenn man hingegen stolz ist, wird man anderen gegenüber eifersüchtig sein, man wird zornig auf andere sein, und man wird auf andere herabsehen. Aus diesem Grund wird es Unzufriedenheit in der Gesellschaft geben.

Zorn schadet der Verdauung

Ich sage oft, dass wir zwar nicht unbedingt unserem Feind Unrecht tun, wenn wir unserem Zorn nachgeben, ganz sicher aber schaden wir uns damit selbst. Wir verlieren unseren inneren Frieden, wir machen nichts mehr richtig, wir verdauen schlecht, wir können nicht mehr schlafen, wir stoßen unsere Besucher vor den Kopf, wir werfen jenen, die es wagen, unsere Wege zu kreuzen, zornige Blicke zu. Wenn wir ein Haustier haben, dann vergessen wir, es zu füttern. Wir machen jenen, die ihr Leben mit uns teilen, das Leben zur Qual und entfremden uns auch den engsten Freunden. Immer weniger Leute haben Mitleid mit uns, wir werden immer einsamer.

Was unseren vermeintlichen Feind betrifft, so sitzt er vielleicht ruhig bei sich zu Hause. Wenn ihm eines Tages unsere Nachbarn erzählen, was sie gesehen und gehört haben über uns, wird er seine helle Freude haben.

Was nutzt? Was schadet?

Zuerst einmal sollten wir ganz bewusst analysieren, ob es uns langfristig nützt oder schadet, mit Wut oder Neid zu reagieren. Wir müssen gründlich darüber nachdenken, ob eine solche Reaktion uns in eine glücklichere oder friedlichere Geistesverfassung versetzt oder ob solche Emotionen lediglich die Wirkung haben, uns noch unglücklicher zu machen. Und wir müssen sie mit früher gemachten Erfahrungen in Verbindung bringen und uns vergegenwärtigen, welchen Einfluss diese Emotionen auf unsere körperliche Gesundheit und unsere geistige Verfassung haben. Denken Sie an einen früheren Zeitpunkt zurück, an dem Sie heftigen Neid und wilden Hass fühlten, und fragen Sie sich, ob dies Ihr Leben zufriedener machte und es Ihnen half, Ihre Ziele zu erreichen. Denken Sie darüber nach, wie andere auf Sie reagierten, wenn Sie große Wut oder Eifersucht äußerten und analysieren Sie, ob es dazu beitrug, Ihre Beziehungen zu verbessern. Denken Sie also über diese Dinge nach, bis Sie ganz und gar überzeugt davon sind, wie sehr es Ihnen schadet, auf bestimmte Situationen ständig mit Feindseligkeit und Neid zu reagieren, und wie vorteilhaft dagegen positive Emotionen wie Toleranz oder Zufriedenheit sind.

Verwirrend

Viele Menschen meinen, einen Verlust im Leben mit Geduld und Gleichmut zu ertragen sei ein Zeichen von Schwäche. Dem ist aber nicht so. Zorn und Wut sind Zeichen von Schwäche, wohingegen Geduld ein Zeichen der Stärke ist. Zum Beispiel kann ein Mensch seine Meinung, die auf Vernunft gründet, selbstbewusst vertreten und dabei zuversichtlich sein oder sogar lächeln, während er seine Argumente darlegt. Wenn umgekehrt seine Gründe auf tönernen Füßen stehen und er dabei ist, sein Gesicht zu verlieren, wird er zornig, verliert die Beherrschung und beginnt unsinniges Zeug zu reden. Menschen, die Vertrauen in sich und in das haben, was sie gerade tun, werden selten von Gefühlen des Zorns überwältigt. Zorn und Wut werden besonders dann Besitz von uns ergreifen, wenn wir momentan verwirrt sind.

Nur ein Windhauch

Wenn wir bemerken, dass jemand hinter unserem Rücken schlecht von uns spricht und darauf mit verletzten Gefühlen reagieren und uns zum Zorn hinreißen lassen, zerstören wir damit unseren inneren Seelenfrieden. Wir sollten solche Vorkommnisse nehmen wie einen Windhauch, der an uns vorüberstreift; mit anderen Worten: Wir sollten ihnen nicht zuviel Bedeutung beimessen. Ob wir leiden oder nicht, beruht zu einem großen Teil darauf, wie wir auf eine gegebene Situation reagieren – ob wir zu empfindlich sind und Dinge zu ernst nehmen oder nicht.

Wut zerstört

Ich erinnere mich, einmal habe ich immer wieder vergeblich versucht, eine Uhr zu reparieren, sonst eine meiner Lieblingsbeschäftigungen. Als es mir nicht gelang, habe ich auf die Uhr eingeschlagen und dabei alles kaputt gemacht.

Ohne Sinn, ohne Wert

Zorn zerstört den geistigen Frieden und schafft weitere neue Probleme. Beim Blick auf die Weltgeschichte kann man unschwer erkennen, dass alle Zerstörung, menschliches Elend und Leiden hauptsächlich durch Hass und Zorn herbeigeführt werden. Die Zeugnisse über das Gute drehen sich um Altruismus und Uneigennutz. Dadurch muss man einfach zu dem Schluss kommen, dass Zorn in der Tat ohne Wert, Sinn und Zweck ist.

Urteilen Sie selbst

Beurteilen Sie die möglichen positiven und negativen Wirkungen von Gefühlen wie Begierde, Ärger, Eifersucht und Hass. Wenn es offensichtlich wird, dass deren Wirkungen schädlich sind, werden Sie zu der Schlussfolgerung kommen, dass es keine positiven Auswirkungen beispielsweise von Ärger gibt. Analysieren Sie immer genauer, und allmählich wird Ihre Überzeugung stärker werden. Wiederholtes Nachdenken über die Nachteile von Ärger wird dazu führen, dass Sie erkennen, dass er sinnlos, ja geradezu bemitleidenswert ist. Diese Entscheidung wird die schrittweise Verringerung Ihres Ärgers bewirken.

Richtig reagieren

Ärger verringert unsere Fähigkeit, richtig von falsch zu unterscheiden, und diese Fähigkeit ist eine der höchsten menschlichen Eigenschaften. Wenn sie verloren geht, sind wir verloren. Manchmal ist es notwendig, nachdrücklich zu reagieren, doch das kann ohne Ärger getan werden. Ärger ist nicht notwendig. Er hat keinen Wert.

Ich bezeichne Mitgefühl als das globale Hauptnahrungsmittel. Menschen möchten Glück erreichen und Leid vermeiden. Geistiger Friede ist ein grundlegendes Bedürfnis für die gesamte Menschheit. Für Politiker, Ingenieure, Wissenschaftler, Hausfrauen und -männer, Doktoren, Lehrer und Rechtsanwälte – für alle Menschen, was immer ihr Bestreben ist – ist eine gesunde, mitfühlende Motivation die Grundlage für spirituelles Wachstum.

Angst entsteht, wenn wir jedem Menschen mit Misstrauen begegnen. Es ist Mitgefühl, das ein Gefühl von Vertrauen erzeugt, das uns erlaubt, uns anderen zu öffnen und unsere Probleme, Zweifel und Unsicherheiten zu zeigen. Unabhängig davon, ob man religiös ist oder nicht – solange wir Menschen sind, solange wir Mitglieder der menschlichen Familie sind, brauchen wir menschliches Mitgefühl. Wenn wir also Wärme in unserem Inneren verspüren, dann bringt dies automatisch ein Gefühl der Verantwortung, ein Gefühl der Verpflichtung mit sich. Und dies führt zu Selbstdisziplin. Deswegen also gehören menschliche Zuneigung und menschliches Mitgefühl meiner Meinung nach zu den sehr wichtigen Grundlagen für alle guten Eigenschaften.

Freundlich sein

Ich glaube, dass Glück aus Freundlichkeit entsteht. Glück kann nicht aus Hass oder Zorn entstehen. Niemand kann sagen: „Heute bin ich glücklich, weil ich diesen Morgen sehr zornig war.“ Im Gegenteil, die Leute fühlen sich unwohl und sind traurig und sagen: „Heute bin ich nicht so glücklich, weil ich diesen Morgen meine Beherrschung verloren habe.“ Sie sehen also, dass diese Tatsache etwas Natürliches ist. Durch Freundlichkeit, sei es in unserem eigenen Umfeld oder auf nationaler und internationaler Ebene, durch gegenseitiges Verständnis und durch wechselseitigen Respekt werden wir Frieden, Glück und echte Zufriedenheit erhalten. Es ist sehr schwierig, Frieden und Harmonie durch Konkurrenzkampf und Hass zu erlangen. Freundlichkeit zu üben ist also sehr, sehr wichtig und ungemein wertvoll für die menschliche Gesellschaft.

Wirksames Mittel

Ein wirksames Mittel, um Angst zu bekämpfen, besteht darin, sich weniger mit sich selbst, sondern mehr mit den anderen zu beschäftigen. Wenn wir die Schwierigkeiten anderer Menschen voll und ganz erkennen, dann verlieren unsere eigenen Ängste an Bedeutung. Wenn wir anderen helfen, nimmt unser Vertrauen in uns selbst zu, und unsere Angst wird schwächer. Natürlich muss unser Wunsch zu helfen echt sein. Wenn wir uns dadurch nur von unserem Unbehagen befreien wollen, dann wird uns das unweigerlich auf uns selbst und unsere Angst zurückwerfen.

Zu innerem Frieden finden – Erfüllt und glücklich leben

Das Wichtigste

Eine gute geistige Einstellung, ein gutes Herz, ein Gefühl der Warmherzigkeit – das sind die wichtigsten Dinge. Wenn Sie eine so gute geistige Einstellung nicht besitzen, können Sie selbst nicht funktionieren. Sie können nicht glücklich sein, und auch Ihre Angehörigen, Ihre Partner oder Ihre Partnerin oder Ihre Kinder, oder die Nachbarn usw. werden ebenfalls nicht glücklich sein.

Die innere Stimme

Die Christen sagen: Liebe Gott, liebe deinen Nachbarn und liebe deinen Mitmenschen. Dies ist meine persönliche Interpretation des Christentums. Und genauso wie Sie Gott lieben, Ihren Nächsten lieben, so liegt der Sinn der Liebe zu Gott darin, sich Gott annähern zu können. Wenn Sie Gott nahe sind, dann haben Sie einen Grund, Seiner Stimme zu lauschen, und Seine Stimme und Lehre sagt, dass wir einander lieben sollten. Grundsätzlich ist diese Liebe für andere das Allerwichtigste. Auch im Buddhismus ist die Liebe für andere von zentraler Bedeutung.

Freude an den guten Dingen

Erfreuen Sie sich an den guten Dingen, die Sie in diesem Leben getan haben. Konzentrieren Sie sich auf bestimmte gute Taten wie beispielsweise das Spenden für Wohltätigkeitsvereine. Die Tatsache, dass Sie in diesem Leben einen menschlichen Körper und die Gelegenheit haben, sich in Uneigennützigkeit zu üben, ist ein Beweis für tugendhafte Handlungen in Ihren früheren Leben. Empfinden Sie daher auch Freude über diese Tugenden und sagen Sie sich selbst: „Da habe ich wirklich etwas Gutes getan." Verspüren Sie auch Freude über die Tugenden anderer, ob sie diese nun direkt erlebt haben oder nicht.

Sie begegnen der Situation und bewahren Ihre Seelenruhe – ohne Medikamente oder Drogen zu nehmen und ohne zu versuchen, Ihre Gedanken davon abzubringen. Das ist der Grund, warum wir ein so großes Interesse an unseren Wochenenden und Ferien haben! Fünf Tage in der Woche sind Sie sehr beschäftigt und arbeiten hart, um Geld zu verdienen. Und am Wochenende gehen Sie dann mit diesem Geld an einen abgelegenen Ort, um eine schöne Zeit zu verbringen! Das bedeutet, dass Sie versuchen, Ihren Geist von Ihrem Problem wegzubringen. Aber das Problem ist immer noch da.

Wenn Sie jedoch eine gute geistige Einstellung haben, ist es nicht nötig, dass Sie sich ablenken. Wenn Sie der Situation ins Gesicht sehen und das Problem untersuchen können, dann wird es nach und nach wie ein großes Stück Eis im Wasser dahinschmelzen.

Was effektiv ist

Ich bin ein religiöser Mensch, und aus meiner Sicht haben alle Dinge ihren Ursprung im Geist. Die Dinge und Ereignisse hängen entscheidend von unserer Motivation ab. Ein wirkliches Gefühl der Wertschätzung von Menschlichkeit, Mitgefühl und Liebe ist der Schlüssel. Wenn wir ein gutes Herz entwickeln, dann wird sich alles verbessern, sei es auf dem Gebiet der Wissenschaften, der Landwirtschaft oder der Politik, eben weil die Motivation so bedeutsam ist. Ein gutes Herz ist im täglichen Leben ebenso wichtig wie effektiv. Wenn die Mitglieder einer Kleinfamilie, selbst ohne Kinder, einander warmherzig begegnen, wird eine friedliche Atmosphäre geschaffen. Wenn hingegen eine der Personen zornig ist, wird die Atmosphäre im Haus sofort angespannt. Trotz guten Essens und eines schicken Fernsehers werden Sie Frieden und Ruhe verlieren.

Gezähmter Geist

Wenn Ihr Geist nicht gezähmt und friedlich ist, dann werden Sie von Schrecken, Hoffnung und Angst belastet sein, egal wie wunderbar die äußeren Umstände auch sein mögen. Mit einem gezähmten Geist werden Sie sich an Wohlstand oder Armut, Gesundheit oder Krankheit erfreuen können; Sie werden sogar glücklich sterben können. Mit einem gezähmten Geist ist es wunderbar, viele Freunde zu haben, wenn Sie jedoch keine Freunde haben, dann ist das auch in Ordnung. Die Wurzel Ihres eigenen Glücks und Wohlergehens liegt in einem friedlichen und gezähmten Geist.

Auch im Hinblick auf andere – Ihre Freunde, Ehepartner, Eltern, Kinder und Verwandte – wird das Leben angenehmer, wenn Sie einen friedlichen und gezähmten Geist haben. Ihr Zuhause ist ruhig und alle, die dort leben, genießen ein ausgezeichnetes Gefühl der Entspannung. Wenn andere Menschen Ihre Wohnung betreten, verspüren sie ein Gefühl des

Glücks. Wenn Ihr Geist nicht friedlich und gezähmt ist, werden Sie nicht nur immer wieder zornig werden, sondern andere Menschen, die durch Ihre Türe eintreten, werden sofort spüren, dass an diesem Ort viele Kämpfe stattfinden und dass Sie häufig aufgebracht sind.

Da es zu Glück führt, wenn man den Geist zähmt, und da es Leiden bringt, wenn man dies nicht tut, nutzen Sie Ihr Leben dazu, die Anzahl von ungezähmten Haltungen und Einstellungen zu reduzieren – wie zum Beispiel Feinde zu kontrollieren, Freunde zu unterstützen, Geldgewinn zu vermehren und ähnliches – und Ihren Geist so gut es geht zu zähmen oder zu schulen. Das ist der Weg, um die sinnvolle Essenz dieses kostbaren und zerbrechlichen Körpers zu gewinnen.

Alles wirkt zusammen

Es gibt eine Art wechselseitigen Einfluss zwischen meiner Verpflichtung zu bestimmten spirituellen Werten, meiner täglichen spirituellen Praxis, ihrer Auswirkung auf mein Denken und meine Lebenseinstellung insgesamt und darauf, wie sie wiederum auf meine politische Arbeit für das tibetische Volk zurückwirken. Und meine politische Arbeit hat wiederum Einfluss auf meine spirituelle Praxis. Denn zwischen allem besteht eine wechselseitige Beziehung. Ich genieße zum Beispiel ein gutes Frühstück, denn es trägt zu meiner Gesundheit bei. Und wenn ich mich einer guten Gesundheit erfreue, so kann ich mein Leben dazu benutzen, mit meiner Arbeit weiterzumachen. Selbst ein einfaches Lächeln kann eine Wirkung auf meinen gesamten Geisteszustand haben. Also ist alles miteinander verbunden, wechselseitig voneinander abhängig. Wenn Sie sich bewusst machen, dass alle Aspekte Ihres Lebens miteinander verbunden sind, dann werden Sie verstehen, wie unterschiedliche Faktoren –

Ihre Werte, Ihre innere Einstellung, Ihre emotionale Verfassung – zu Ihrem Gefühl für Erfüllung in der Arbeit und zu Ihrer Zufriedenheit und Ihrem Glück im Leben beitragen können.

Wirkliche Verwandlung

Für diejenigen, die sich einer Glaubensrichtung verbunden und verpflichtet fühlen, möchte ich nochmals betonen, dass, wenn man einmal einen bestimmten Glauben für sich angenommen hat, man dessen Lehre und Maxime so weit es nur geht anwenden und befolgen sollte. Die Lehrsätze und Gebote des jeweiligen Glaubens sollten als integrale Bestandteile in das eigene tägliche Leben eingebunden werden. Hat man dies einmal getan, wird über die Zeit, im Verlauf der Jahre, eine allmähliche innere Transformation stattfinden, die nur von Vorteil sein kann. Das bloße Heruntersagen von Gebeten, irgendwelchen Sprüchen oder Mantras wird nichts bewirken.

Süß und sauer

Es ist schlichtweg unmöglich, durchs Leben zu gehen, ohne Problemen zu begegnen. Und es gibt keine Sache, keine Tätigkeit, aus der Sie eine hundertprozentige Befriedigung schöpfen, nicht wahr? Irgendeine Unzufriedenheit wird immer bleiben. Je besser wir imstande sind, diese Tatsache zu akzeptieren, desto besser werden wir mit den Enttäuschungen des Lebens fertig werden können.

Nehmen Sie zum Beispiel einen Menschen, der gerne süße Dinge isst und nichts Saures mag. Nun gibt es eine bestimmte Frucht, die dieser Mensch besonders gern isst. Diese Frucht ist hauptsächlich süß, hat aber auch ein wenig Säure. Dieser Mensch mag jedoch weiterhin die Frucht, er hört nicht auf, sie zu essen, weil sie einen leicht sauren Geschmack hat. Wenn er diese Frucht genießen möchte, muss er das kleine bisschen Säure hinnehmen. Sie können das Süße vom Sauren in dieser Frucht nicht trennen, es wird immer miteinander verbunden sein. Und so ist auch das Leben. Solange Sie leben, wird das Leben gute Dinge bieten, aber auch ein paar Probleme, die Ihnen zu schaffen machen. Das ist das Leben.

Üben, üben

Die anerkannten guten Absichten der verschiedenen Religionen reichen nicht aus; wir müssen sie im täglichen Leben in der Gesellschaft umsetzen. Erst dann können wir den wirklichen Wert ihrer Lehren verstehen. Falls beispielsweise ein Buddhist in einem Tempel meditiert, aber außerhalb des Tempels die kontemplativen Ideale dann nicht lebt, ist das nicht gut. Wir müssen im täglichen Leben üben.

Zuhören

Durch Zuhören erlangen wir Weisheit und verringern unsere Unwissenheit. Daher lohnt es sich zuzuhören, gleichgültig, wie mühsam das sein mag. Das Zuhören ist einer Leuchtfackel vergleichbar, die die Dunkelheit des Unwissens vertreibt. Und wenn wir unseren Geist durch Zuhören bereichert haben, kann uns dieser hinzugewonnene Reichtum nicht mehr genommen werden – er ist der höchste Reichtum.

Fröhlichkeit tut gut

Ich komme aus einer fröhlichen Familie. Meine älteren Brüder und meine Mutter haben immer viel gelacht. Und das ist nicht nur in meiner Familie so, sondern gilt für die meisten Tibeter. Wir sind ein sehr fröhliches Volk. Das hat seinen Grund in unserem buddhistischen Glauben. Meine Fröhlichkeit lebt aus der spirituellen Praxis. Durch die Meditation werde ich gelassener und kann der Welt fröhlich ins Auge sehen.

Ich kenne einige christliche Mönche und Nonnen, die sehr fröhlich sind. Wenn wir uns treffen, haben wir viel Spaß miteinander. Aber das sind einfache Menschen, die in der kirchlichen Hierarchie kein offizielles Amt innehaben. Ich glaube, an diesem Punkt unterscheiden sich Buddhisten und Christen nicht so sehr voneinander.

Einfach lächeln

Oft warten die Menschen darauf, dass der andere den ersten Schritt tut, aber ich denke, das ist falsch. Das ist so, wie wenn Menschen schon lange Zeit Nachbarn sind, sich aber nie kennen lernen. Also sollten Sie die Initiative ergreifen, am besten gleich am ersten Tag in Ihrem neuen Job, und versuchen, den anderen Ihre freundschaftliche Haltung zu zeigen; Sie sollten sich vorstellen, die anderen begrüßen, sich erkundigen, wie lange sie schon hier arbeiten und so weiter. Natürlich werden die Menschen nicht immer empfänglich dafür sein. Ich jedenfalls lächle manchmal jemanden an, und dann geschieht es, dass ich argwöhnisch angeschaut werde. Die Menschen haben alle ihre eigenen Probleme und Frustrationen, deshalb sollten Sie nicht aufgeben, wenn sie nicht sofort reagieren. Versuchen Sie es eine Woche, einen Monat lang. Am Ende werden Sie merken, dass die anderen reagieren. Manchmal gibt man allzu leicht auf. Das passiert mir zuweilen: Ich bin in einem Hotel oder sonst wo und ich lächle jemanden an, aber der Betreffende ignoriert mich. Und wenn er bei seiner Haltung bleibt, dann nehme ich dieselbe Haltung an und ignoriere ihn. Ich schätze, so ist die menschliche Natur nun einmal. Aber es zeigt, wie ein Mensch die Haltung eines anderen beeinflussen kann, was darauf schließen lässt, dass selbst ein einziger Mensch viel ausrichten kann.

Von Mensch zu Mensch

Übrigens: Würde dieser Vierzehnte Dalai Lama weniger lächeln, hätte er bestimmt weniger Freunde. Ich begegne anderen stets auf der Ebene von Mensch zu Mensch. Auf dieser Ebene gibt es zwischen Präsident, Königin und Bettler keinen Unterschied. Echtes Gefühl ist wichtiger als Status. Ich bin nur ein einfaches menschliches Wesen, das durch seine Erfahrung und geistige Disziplin eine in gewisser Weise neue Einstellung entwickeln konnte. Dies ist nichts Besonderes. Sie, die Sie bestimmt eine bessere Erziehung und mehr Erfahrung haben als ich, haben ein größeres Potential, sich innerlich zu wandeln. Ich komme aus einem winzigen Dorf und hatte im Alter von fünfzehn Jahren eine unvorstellbare Verantwortung zu übernehmen. Sie alle sollten sich deshalb von dem großen Potential überzeugen, das Sie besitzen, und wissen, dass Sie sich mit Selbstvertrauen und etwas mehr Bemühen wirklich ändern können, wenn Sie es nur wollen! Konzentrieren Sie sich weniger auf die negativen Seiten, wenn Ihnen Ihr Leben unerfreulich scheint oder wenn Sie Schwierigkeiten haben! Sehen Sie die positive Seite, sehen Sie das Potential, geben Sie sich Mühe! Dies allein schon garantiert Ihnen einen gewissen Erfolg. Wenn wir unsere ganze Energie und unsere Qualitäten als Menschen nutzen, können wir unsere Probleme überwinden.

Ausschlaggebend für die Beziehung zu unseren Mitmenschen ist also unsere geistige Einstellung. Sie ist der Schlüssel zu unserem Glück und Wohlergehen. Dies gilt für alle, auch für die, die an nichts glauben, die einfach nur aufrechte menschliche Wesen sind. Auch für die, die gesund sind, ihren Wohlstand in der richtigen Weise nutzen und erfreuliche Beziehungen zu ihren Mitmenschen haben, gilt, dass der Ursprung unseres Glücks im Inneren liegt und nicht in diesen Dingen.

Ich bemerke einfach, dass Menschen, die viele Prüfungen durchgemacht haben, normalerweise nicht bei der geringsten Schwierigkeit zu jammern beginnen. Die Leiden, die sie erlebt haben, haben ihre Grundhaltung geprägt und ihnen eine umfassendere Sicht der Dinge gegeben, einen stärkeren Geist und mehr Realitätssinn, so dass sie besser in der Lage sind, die Dinge so zu sehen, wie sie sind. Menschen, die keine Probleme haben und ihr Leben beschützt wie in einem Kokon verbringen, entfernen sich von der Wirklichkeit. Wenn sie dann mit einer Unannehmlichkeit, die nicht weiter der Rede wert ist, konfrontiert sind, „erfüllen sie das Land mit ihren Klagen“. Das ist etwas, was ich oft habe feststellen können, auch am eigenen Leib.

Von ganzem Herzen

Ich hätte Lust, all den Pessimisten, die sich andauernd quälen, zu sagen: Wie dumm ihr seid! Ich begegnete einmal einer Frau, die ohne ersichtlichen Grund furchtbar unglücklich war. Ich sagte ihr: „Machen Sie sich nicht unglücklich! Sie sind jung, Sie haben noch viele Jahre vor sich, Sie haben keinen Grund, sich so zu quälen!" Sie fragte mich, warum ich mich in ihre Angelegenheiten einmischte. Ich war traurig. Ich antwortete ihr, dass es nichts bringt, so zu reagieren. Ich nahm ihre Hand, klopfte ihr freundschaftlich auf die Schulter, und in ihrer Haltung fand eine Veränderung statt.

Man kann solchen Menschen nur mit Liebe oder Zuneigung begegnen. Wenn man diskutiert, wendet man sich an die Vernunft, aber wenn man echte Liebe oder Zärtlichkeit zeigt, kommuniziert man ganz direkt. Letzten Endes trat bei dieser Frau eine Veränderung ein: Sie begann aus ganzem Herzen zu lachen.

Davon hängt die Zukunft ab

Man hört oft, dass es besser sei, seinem Ärger Luft zu machen, als ihn zu unterdrücken. Sicher, es gibt unterschiedliche Ebenen oder Arten des Zorns. Aber das Wichtigste, was es zu erkennen gilt, ist die Schlechtigkeit, das Negative an sich, das im Zorn und Hass liegt. Mit dieser Erkenntnis wird man nicht mehr zornig werden wollen. Wenn es aber in bestimmten Situationen schwer fallen sollte, den Zorn zu unterdrücken, soll man einfach den Gegenstand, auf den sich der Zorn bezieht, ignorieren oder vergessen. Ich nehme meine eigene Erfahrung als Beispiel. Ich stamme aus Amdo, einer Region im Nordosten Tibets. Die Menschen von dort gelten allgemein als cholerisch und jähzornig. Als junger Mensch hatte ich auch diesen Charakterzug. Im Laufe der Zeit erwarb ich mir Techniken, um meinen Geist zu zähmen. Meine Neigung zum Zorn ist seitdem sehr zurückgegangen. In bestimmten Situationen treten Zorn und Ärger auf, verschwinden aber auch wieder schnell. Und ich kann sagen, dass ich kaum Gefühle des Hasses habe.

Übungen und die tägliche Praxis sind es, die in uns eine innere Entwicklung und Veränderung herbeiführen können. Die Möglichkeit dafür ist gegeben. Um Dinge ändern zu können, müssen wir erst uns selbst ändern. Ändern wir uns nicht, wird sich nichts ändern; und dann zu erwarten, dass andere sich ändern, ist ziemlich unrealistisch. Wenn wir uns in der richtigen Richtung bemühen, werden sich letzten Endes Veränderungen einstellen, und wir werden Frieden und Glück ohne weitere Umstände erlangen. Frieden und Glück müssen wir in uns selbst entwickeln. Wie der Buddha sagte: „Du bist dein eigener Herr und Meister. Die eigene Zukunft hängt von dir selbst ab. Niemand sonst kann die Zukunft des eigenen Lebens in die Hand nehmen; so wie das gegenwärtige Leben nur von den eigenen Schultern getragen werden kann."

Was hilft

Geistiger Frieden kann von keinem Arzt injiziert werden; kein Markt kann geistigen Frieden oder Glück verkaufen. Mit Millionen und Abermillionen Geldes können Sie alles kaufen, aber wenn Sie in einen Supermarkt gehen und sagen „Ich will geistigen Frieden", dann werden die Leute lachen. Und wenn Sie einen Arzt bitten „Ich will wahren geistigen Frieden, keinen dumpfen", werden Sie vielleicht eine Schlaftablette bekommen oder irgendeine Spritze. Auch wenn Sie vielleicht ein wenig Ruhe finden, die Ruhe ist nicht so, wie sie sein sollte, oder? Wenn Sie also echten geistigen Frieden oder innere Ruhe haben wollen, so kann der Arzt sie Ihnen nicht geben. Auch eine Maschine, zum Beispiel ein Computer, wie komplex er auch sein mag, er kann Ihnen keinen geistigen Frieden geben.

Ihr Nachbar und Ihr Herz

Wenn Sie sich in mehr Güte, Freundlichkeit und Toleranz üben, werden Sie mehr Frieden finden. Es ist nicht nötig, sich neue Möbel für Ihr Haus zu kaufen oder in eine neue Wohnung zu ziehen. Ihr Nachbar mag sehr laut oder schwierig sein, aber solange Ihr eigener Geist und Ihr Herz ruhig und friedlich sind, werden Nachbarn Sie nicht sonderlich stören. Wenn Sie jedoch allgemein leicht reizbar sind, können Sie auch dann nicht richtig glücklich werden, wenn Ihre besten Freunde zu Besuch kommen. Wenn Sie ruhig und gelassen sind, kann noch nicht einmal Ihr Feind Sie stören.

Konzentrierte Meditation

1. Wählen Sie sich einen Gegenstand der Meditation, fokussieren Sie Ihren Geist darauf und versuchen Sie, Stabilität, Klarheit und Intensität zu erreichen und aufrechtzuerhalten. Vermeiden Sie Schlaffheit und Aufgeregtheit.
2. Alternativ hierzu: Identifizieren Sie den grundlegenden Zustand des Geistes, unbefleckt von Gedanken, einfach in seinem eigenen Zustand – reines Leuchten, die erkenntnisfähige Natur des Geistes. Verweilen Sie mit Achtsamkeit und Introspektion in diesem Zustand. Wenn ein Gedanke entsteht, schauen Sie nur auf die eigentliche Natur dieses Gedankens. Das wird dazu führen, dass der Gedanke seine Kraft verliert und sich von alleine auflöst.

Keine Goldmedaille

Die entscheidende Frage ist, ob wir uns in Güte, Freundlichkeit und Frieden üben können oder nicht. Viele unserer Probleme stammen von einem Verhalten, welches uns selbst um jeden Preis an die erste Stelle setzt. Ich weiß aus eigener Erfahrung, dass es möglich ist, solches Verhalten zu ändern und den menschlichen Geist zu verbessern. Obwohl er farblos, formlos und manchmal schwach ist, kann der menschliche Geist härter als Stahl werden. Um den Geist zu schulen, müssen wir die Geduld und Entschlossenheit aufbringen, die notwendig ist, um diesen Stahl zu formen. Wenn Sie sich der Schulung Ihres Geistes mit starkem Willen und Geduld widmen und es wieder und wieder und wieder versuchen, dann werden Sie erfolgreich sein, egal wie vielen Schwierigkeiten Sie zu Beginn begegnen mögen. Mit Geduld und Übung und Zeit wird sich der Wandel einstellen.

Geben Sie nicht auf. Wenn Sie schon zu Beginn pessimistisch sind, können Sie das Ziel keinesfalls erreichen. Wenn Sie hoffnungsvoll und fest entschlossen sind, werden Sie immer ein gewisses Maß an Erfolg haben. Es geht nicht darum, die Goldmedaille zu gewinnen. Aber Sie werden Ihr Bestes gegeben haben.

Täglich zu üben

Die folgende Anleitung zur Visualisierung ist sehr hilfreich für die tägliche Übung.

1. Sie bleiben ruhig, gelassen und vernünftig.
2. Stellen Sie sich vor Ihnen zur Rechten eine Variante von Ihnen als soliden Klumpen egoistischer Selbstsucht vor: die Art von Mensch, die alles daran setzen würde, ein Bedürfnis zu befriedigen.
3. Stellen Sie sich vor Ihnen zur Linken eine Gruppe armer Menschen vor, mit denen Sie nicht verwandt sind, Notleidende, Bedürftige und Leidende eingeschlossen.
4. Betrachten Sie die beiden Seiten gelassen und unvoreingenommen. Überlegen Sie

sich: „Beide Seiten möchten Glück. Beide möchten sich vom Leiden befreien. Beide haben das Recht, diese Ziele zu verwirklichen."

Bedenken Sie Folgendes: Oft arbeiten wir hart und lange für ein besseres Einkommen, oder wir geben eine Menge Geld aus in der Hoffnung, mehr zurückzubekommen. Wir sind bereit, vorübergehende Opfer zu bringen für einen langfristigen Ertrag. Mit der gleichen Logik hat es sehr viel Sinn, wenn ein einzelner Mensch Opfer bringt für ein übergeordnetes Wohl. Auf ganz natürliche Weise wird Ihr Geist der Seite mit der größeren Anzahl leidender Menschen den Vorzug geben.

Eine alte tibetische Weisheit rät uns:
„Ändere dein Bewusstsein, aber lasse dein Äußeres, wie es ist.“

Quellen

Zitierte Werke:

Dalai Lama, Mit dem Herzen denken – Mitgefühl und Intelligenz sind die Basis menschlichen Miteinanders, © Scherz Verlag 1997. Alle Rechte vorbehalten S. Fischer Verlag GmbH, Frankfurt am Main (=Herzen)

Dalai Lama, Ratschläge des Herzens, Aufgezeichnet und mit einem Vorwort von Matthieu Ricard, aus dem Französischen von Ingrid Fischer-Schreiber, © 2003 Diogenes Verlag AG, Zürich (=Rat)

Dalai Lama, Der Weg zum Glück. Sinn im Leben finden, Verlag Herder, Freiburg im Breisgau 2002 (=Glück)

Dalai Lama, Der Weg zum sinnvollen Leben. Das Buch vom Leben und Sterben, Verlag Herder, Freiburg im Breisgau 2002 © by His Holiness The Dalai Lama and Jeffrey Hopkins (=Sinn)

Dalai Lama / Howard C. Cutler, Glücksregeln für den Alltag, Happiness at Work, Verlag Herder, Freiburg im Breisgau 2004 (=Regeln)

Dalai Lama, „Sieh an, er ist wie du“ Friede erwächst aus Liebe und Mitgefühl, in: Eine Mystik , viele Stimmen, hg. von Christoph Quarch und Gabriele Hartlieb, Verlag Herder, Freiburg im Breisgau 2004 (=Sieh)

Dalai Lama, Der Pfad des Glücks. Erfülltes Leben durch Bewusstseinsänderung, hg. von Renuka Singh, Verlag Herder, Freiburg im Breisgau 2001 (=Pfad)

Dalai Lama, Kleines Buch der Weisheit, hg. von Matthew E. Bunson, Freiburg im Breisgau 2003 (=Weisheit)

Dalai Lama, Tag für Tag zur Mitte finden. Lesebuch durch das Jahr, hg. von Renuka Singh, Verlag Herder, Freiburg im Breisgau 2002 (=Tag)

Am Anfang ist die Liebe

Jeder Mensch – ein Freund: Glück, 11; Wahre Harmonie: Ansprache 1985, Warmherzigkeit: Glück, 13; Was wir Menschen brauchen: Glück, 12f.; Liebe ist die Quelle: Mitgefühl, 85; Von Anfang an: Herzen, 67; Fürsorge für alle: Glück, 63; Der kluge Egoismus: Glück, 64; Perspektivenwechsel: Glück, 37; Meine Freunde, meine

Feinde?: Sinn, 40; Gute Nachbarschaft: Pfad, 122f.; Wahre Freunde: Aus einer Ansprache 1996; Unser Glück braucht die anderen: Pfad, 90f.; Was tröstet: Aus einer Ansprache 1973; Selbsterkenntnis: Tag, 42; Selbstvertrauen: Tag, 211; Freudig helfen: Rat, 64; Gutes tun: Rat, 103; Fröhlich geben: Tag, 85; Selbsthass: Rat, 153; Selbstliebe: Rat, 153f.; Gleichgültigkeit ist das Schlimmste: Rat, 160; Regeln zur Güte: Glück, 152

Geduldig werden

Schule der Geduld: Regeln, 54; Schwierigkeiten – unsere Chance: Glück, 61; Genau hinsehen: Tag, 62; Falsche Nachsicht: Regeln, 25f.; Abgeschreckt: Interview. Das Misstrauen besiegen, Evangelische Kommentare 12/1998; Was Feinde lehren: Aus einer Ansprache 1980; Herausforderung: Regeln, 82; Besänftigung: Glück, 12; Die Lösung: Regeln, 30f.; Vier Übungen zur Geduld: Glück, 57; Die Alternative: Regeln, 82f

Zufriedenheit als Schlüssel

Zweierlei Glück: Glück, 11; Geldverdienen: Glück, 35; Was sinnvoll ist: Regeln, 188; Karriere

ist nicht alles: Regeln, 152f.; Frust im Job: Regeln, 35; Klimaverbesserung: Regeln, 47f.; Vorübergehend: Glück, 34; Falsche Wünsche: Sinn, 38; Was fehlt ...: Glück, 11f.; Kein Stillstand: Tag, 15; Nie genug: Regeln, 65; Zwei Methoden: Regeln, 65f.; Zeit haben: Regeln, 154f.; Geld und Glück: Glück, 39; Eine Übung: Glück, 109

In Harmonie und Frieden leben

Anstöße geben: Aus einer Ansprache 1997; Meine Erfahrung: Glück, 61; Familie als Kern: Rat, 40; Ein Mensch wie du: Sieh; Der Einfluss der Medien: Glück, 68; Verantwortung: Aus der Friedensnobelpreisrede 1989; Die Welt in Ordnung bringen: Glück, 68; Die einfache Lösung: Glück, 17; Picknick und Spiele: Aus einer Ansprache 1984; Schwestern und Brüder: Glück, 16f.; Unsere gemeinsame Mutter: Weisheit, 153f.; Intelligenz verpflichtet: Sieh; Eine Menschheit: Glück, 18; Die Essenz: Glück, 58

Zeit in unserer Hand

Aufgeschoben, aufgehoben: Tag, 217; Nutze die Chance: Tag, 105; Nicht über Nacht: Tag, 169; Haare in den Ohren: Sinn, 32; Vier Berge: Tag,

155; Tagesbilanz: Tag, 137; Hoffnung hilft: Sieh; Hoffentlich: Aus einer Ansprache 1995; Die Vier Edlen Wahrheiten: Glück, 32

Gesund bleiben

Billiger: Herzen, 49f.; Mahlzeit: Glück, 36; Oberflächlich: Glück, 148; Das rechte Maß: Sinn, 66f.; Der gleiche Magen: Glück, 55; Zuviel ist zuviel: Glück, 55; Geist und Leib: Sieh; Kein tibetisches Spezialmittel: Herzen, 49; Mitgefühl gibt Kraft: Sinn, 42f.; Sag „Ja“: Sieh; Statt Medikamente: Glück, 34; Meine Schlaftablette: Tag, 20

Die Gefühle kultivieren

Innerlich abrüsten: Sieh; Ruhe kommt von innen: Sieh; Glücksquell: Aus einer Ansprache 1995; Ein Juwel: Glück, 71f.; Kein Vergleich: Tag, 215; Bescheidenheit: Aus einer Ansprache 1981; Erleichterung: Glück, 40f.; Was nutzt? Was schadet?: Regeln, 31f.; Zorn schadet der Verdauung: Rat, 135; Verwirrend: Tag, 87; Nur ein Windhauch: Tag, 210; Wut zerstört: Tag, 172; Ohne Sinn, ohne Wert: Pfad, 181; Urteilen Sie selbst: Glück 149; Richtig reagieren: Glück,

19; Selbstdisziplin: Aus einer Ansprache 1995; Wirksames Mittel: Rat, 123; Freundlich sein: Aus einer Ansprache 1963

Zu innerem Frieden finden

Das Wichtigste: Aus einer Ansprache 1981; Die innere Stimme: Aus einer Ansprache 1973; Freude an den guten Dingen: Glück, 75; Eisschmelze: Glück, 147; Gezähmter Geist: Sinn, 68; Was effektiv ist: Weisheit, 47; Alles wirkt zusammen: Regeln, 207f.; Wirkliche Verwandlung: Pfad, 125; Üben, üben: Glück, 146; Zuhören: Tag, 85; Süß und sauer: Regeln, 40; Fröhlichkeit tut gut: Interview. Das Misstrauen besiegen, Evangelische Kommentare 12/1998; Einfach lächeln: Regeln, 47; Von Mensch zu Mensch: Herzen, 54f.; Innere Stärken: Rat, 119; Von ganzem Herzen: Rat, 115; Davon hängt die Zukunft ab: Pfad, 178f.; Was hilft: Aus eine Ansprache 1996; Ihr Nachbar und Ihr Herz: Glück, 66; Konzentrierte Meditation: Glück, 152; Keine Goldmedaille: Glück, 14; Täglich zu üben: Glück, 66